Lothar Gassmann (Hrsg.)

Ehescheidung und Wiederheirat. Eine biblische Fundamentaluntersuchung

Lothar Gassmann (Hrsg.)

Ehescheidung und Wiederheirat. Eine biblische Fundamentaluntersuchung

Dürfen Geschiedene wieder heiraten? Was sagt die Bibel dazu?

Fromm Verlag

Impressum/Imprint (nur für Deutschland/ only for Germany)
Bibliografische Information der Deutschen Nationalbibliothek: Die Deutsche Nationalbibliothek verzeichnet diese Publikation in der Deutschen Nationalbibliografie; detaillierte bibliografische Daten sind im Internet über http://dnb.d-nb.de abrufbar.

Coverbild: www.ingimage.com

Contact:
International Book Market Service Ltd., 17 Rue Meldrum, Beau Bassin, 1713-01 Mauritius
Website: www.bookmarketservice.com
Email: info@bookmarketservice.com

Gedruckt in: USA, UK, Deutschland. Dieses Buch wurde nicht in Mauritius produziert.

Imprint (only for USA, GB)
Bibliographic information published by the Deutsche Nationalbibliothek: The Deutsche Nationalbibliothek lists this publication in the Deutsche Nationalbibliografie; detailed bibliographic data are available in the Internet at http://dnb.d-nb.de.

Cover image: www.ingimage.com

Contact:
International Book Market Service Ltd., 17 Rue Meldrum, Beau Bassin, 1713-01 Mauritius
Website: www.bookmarketservice.com
Email: info@bookmarketservice.com

Printed in: U.S.A., U.K., Germany. This book was not produced in Mauritius.

ISBN: 978-3-8416-0295-4

Lothar Gassmann (Hrsg.)

Ehescheidung

und Wiederheirat.

Eine biblisch-seelsorgerliche Fundamentaluntersuchung

Mit Beiträgen von

Herbert Jantzen, Jürgen Kuberski,

Baldur Gscheidle und Thomas Jettel

Die Autoren

Lothar Gassmann, geb. 1958 in Pforzheim, 1977-84 Studium der ev. Theologie an der Universität Tübingen, 1992 Promotion zum Dr. theol., 1991-93 Vikariat in der badischen Landeskirche, 1993-97 Dozent für Dogmatik und Apologetik an der Freien Theologischen Akademie (jetzt Hochschule) Gießen, 1998-2008 Sekten- und Weltanschauungsbeauftragter der Arbeitsgemeinschaft für Religiöse Fragen, seit 2009 Lehrbeauftragter des Christlichen Gemeinde-Dienstes (CGD) und Schriftleiter der Zeitschrift „Der schmale Weg". Verfasser zahlreicher Bücher zu zeitkritischen, theologischen und seelsorgerlichen Fragen. Homepage: www.L-Gassmann.de

Baldur Gscheidle, geb. 1936 in Stuttgart, Ausbildung als Chemielaborant, Arbeit als Techniker, 22 Jahre lang als Leiter einer christlichen Gemeinschaft tätig, was zu vielen praktischen seelsorgerlichen Erfahrungen führte. Intensives Studium der Bibel und verschiedener religiöser Schriften, etwa der Kabbala und des Talmud.

Herbert Jantzen, geb. 1922 in Hepburn/Kanada, Studium am Bethany Bible Institute in Hepburn und am Mennonite Brethren Bible College in Winnipeg, Abschluss 1950, 1950-54 in Kanada tätig in Evangelisation sowie als Bibelschullehrer und Gemeindepastor, seit 1954 als Evangelist, Bibellehrer und Missionsleiter hauptsächlich in verschiedenen Ländern Europas, 1971-81 Professor für Dogmatik an der Freien Evangelisch-Theologischen Akademie (jetzt STH) Basel, danach Gastvorlesungen an verschiedenen anderen Ausbildungsstätten. Verfasser der dogmatischen Reihe „Hauptlehren der Heiligen Schrift" sowie einer Neuübersetzung der Bibel (bisher erschienen: „Das Neue Testament und die Psalmen und Sprüche").

Jürgen Kuberski, geb. 1961 in Freiburg/Br., 1981-85 Studium der ev. Theologie an der Freien Evangelisch-Theologischen Akademie (jetzt STH) Basel, 1985 Magister, danach als theologischer Publizist und Pastor tätig, 1993 Promotion zum Dr. theol., 1995-2000 Missionsdienst in Japan, seit 2001 Dozent für Praktische Theologie und Missiologie an der Akademie für Weltmission in Korntal. Diverse Veröffentlichungen zu theologischen Themen.

Thomas Jettel, geb. 1959 in Österreich; seit 1995 wohnhaft in der Schweiz; 1979-82 und 1995-96: Studium der ev. Theologie an der Freien Evangelisch-Theologischen Akademie (jetzt: STH) Basel. 1989-95 Lehrer für Englisch und Geschichte. 1982-90 und 1992-95 Mitarbeit in Gemeinden im Land Salzburg, Österreich. 1991-92: USA-Aufenthalt: *Jüngerschaft-Training-Programm* in Kalifornien. Seit 1995: Freier Verkündiger im deutschsprachigen Raum und in Rumänien, Ungarn, Ukraine, Moldawien, Russland. Seit 2001 mitverantwortlich in einer freien Gemeinde in Hohentengen (Grenze CH-D). Seit 1997: Freie Zusammenarbeit mit Prof. Herbert Jantzen, vor allem in der Bibelübersetzung und Herausgabe diverser Schriften und Bücher.

Inhaltsverzeichnis

Einleitung

Dürfen Menschen, deren Ehe geschieden wurde, wieder heiraten? Auf diese Frage werden unterschiedliche Antworten gegeben: von einem absoluten Nein über ein bedingtes „Jein" bis hin zu einem absoluten Ja. In und zwischen den verschiedenen Konfessionen tobt über dieses gewiss nicht einfache Thema eine zum Teil heftige Diskussion.

Dabei wird der theologische Streit leider auf dem Rücken der Betroffenen ausgetragen, die sich oftmals ausgegrenzt und hilflos fühlen und dabei doch zugleich klare Orientierung und seelsorgerliche Hilfe suchen. Sie fragen: Bin ich als Geschiedene/r aus Gottes Gnade gefallen? Gehe ich auf ewig verloren? Kann ich jemals wieder Frieden finden? Muss ich mein ganzes Leben lang allein bleiben? Kann ich wieder heiraten?

In diesem Buch sollen diese Fragen grundsätzlich aus biblisch-theologischer Sicht betrachtet und beantwortet werden. Die Autoren nähern sich dem Thema aus biblisch-exegetischer (Herbert Jantzen), systematischer (Jürgen Kuberski), historischer (Baldur Gscheidle) und praktisch-seelsorgerlicher (Thomas Jettel) Perspektive und gelangen dabei übereinstimmend zum im Wesentlichen gleichen Ergebnis:

Scheidung und Wiederheirat sollen gemäß Gottes grundsätzlichem Willen nicht sein. Es gibt jedoch Ausnahmen, die in der Bibel klar definiert sind und die sowohl bei der theologischen Diskussion als auch bei der praktischen Seelsorge ernst genommen werden müssen. In meinem abschließenden Beitrag fasse ich das Ergebnis in allgemein verständlicher und seelsorgerlicher Weise zusammen.

Dr. Lothar Gassmann

Ehescheidung und Wiederheirat aus biblisch-exegetischer Sicht

Von Prof. Herbert Jantzen, Kelowna (Kanada)

Vorbemerkungen

1. Schriftzitate werden nach des Verfassers „Bibelwort in deutscher Fassung“ angeführt.

2. Die Buchstaben A, M und E nach einer Stellenangabe bedeuten jeweils: „Anfang“, „Mitte“, „Ende“.

3. Es ist das Begehren in dieser Arbeit, nicht allzu schnell zu einem Ergebnis zu kommen, geschweige denn zu einer bereits vorgefassten Meinung, sondern Schritt für Schritt den aufmerksamen Leser mitzunehmen. Daher wird er sich auch hier und da vielleicht wie „in der Luft gelassen“ fühlen, wenn ein Abschnitt zwar besprochen ist, aber noch kein Ergebnis vorliegt.

Der Leser wird also um Geduld und Nachsicht gebeten. Er darf sich auch unterwegs Notizen machen. Wenn dann am Schluss nicht alle Fragen beantwortet sind, werden sie gern vom Verfasser zum Bedenken entgegengenommen.

4. Einige Gedanken dieses Aufsatzes – besonders zu 1. Korinther 7 – habe ich einer Schrift meines früheren und, leider, bereits verstorbenen Lehrers, Herrn Dr. Gerhard Peters, entnommen.

5. In der Überschrift wird der Begriff „Ehescheidung“ gebraucht. Da im Wesen der Sache das Thema Wiederheirat von ihr abhängt, gilt es, diesen Terminus zu klären:

- In dieser Besprechung schließt er den Tod ein.

- Bleiben beide Partner nach einer „Scheidung“ am Leben, so vertritt wohl in den meisten Fällen das Landesgesetz eine andere Auffassung als die Heilige Schrift. Somit haben wir schon zwei weitere Begriffsbestimmungen.

- Da es sich um eine biblisch-exegetische Analyse handelt, gilt die letztere Auffassung unserem Interesse. Und da eine Wiederheirat erst nach einer biblischen Scheidung eine Frage wird, wird es wichtig, zuallererst darüber Klarheit zu bekommen, was denn das für eine Scheidung ist.

- Erst also, nachdem diese Frage geklärt ist, wird das Thema der Wiederheirat an der Reihe sein.

Was löst eine Ehe auf?

I. Der Tod löst eine Ehe auf.

Römer 7,1.2: „Seid ihr darüber in Unkenntnis, Brüder – denn ich rede zu Gesetzeskundigen –, dass das Gesetz über den Menschen Herr ist für die Länge der Zeit seines Lebens? – denn die dem Manne unterstellte Frau ist mittels des Gesetzes an den lebenden Mann gebunden. Sollte der Mann aber sterben, ist sie frei vom Gesetz, das den Mann betrifft.“

1. Korinther 7,39A: „Eine Frau ist gesetzlich gebunden, solange ihr Mann lebt. Aber wenn ihr Mann entschlief, ist sie frei, verheiratet zu werden ...“

II. Eine Scheidung kann eine Ehe auflösen.

A. Grundsätzliches

1. „Am Anfang“

Die ersten Texte, die dieses Thema betreffen, befinden sich bereits auf den Anfangsseiten der Bibel. Doch sind es Worte Jesu, die uns zu einem rechten Verständnis derselben verhelfen.

Matthäus 19,3-8: „Und es kamen die Pharisäer zu ihm, stellten ihn auf die Probe und sagten zu ihm: ‚Ist es einem Menschen gestattet, aus jedem Grund sich von seiner Frau zu scheiden?' 4 Er gab ihnen zur Antwort: ‚Habt ihr nicht gelesen, dass der, der sie machte, sie von Anfang einen Männlichen und eine Weibliche machte 5 und sagte: Deswegen wird ein Mensch den Vater und die Mutter verlassen und an seine Frau gefügt werden, und es werden die Zwei zu einem Fleisch sein? 6 So sind sie nicht mehr zwei, sondern ein Fleisch. Was also Gott zusammenjochte, soll ein Mensch nicht trennen.' 7 Sie sagen zu ihm: ‚Warum, in dem Fall, gebot Mose, eine Abstandsschrift zu geben und sich von ihr zu scheiden?' 8 Er sagt zu ihnen: ‚Im Blick auf eure Herzenshärtigkeit erlaubte es euch Mose, euch von euren Frauen zu scheiden. Vom Anfang [her] war es aber nicht so geschehen.'"

Es wird sinnvoll sein, gleich auch die zwei alttestamentlichen Texte zu zitieren, auf die Jesus in diesem Gespräch zunächst Bezug nimmt:

1. Mose 1,27: „Und Gott schuf den Menschen in seinem Bilde. Im Bilde Gottes schuf er ihn. Als einen Männlichen und als eine Weibliche schuf er sie."

1. Mose 2,23.24: „Und der Mensch sagte: ‚Diese ist sie nun! Gebein von meinen Gebeinen und Fleisch von meinem Fleisch! Diese wird ‚Männin' genannt werden, denn diese ist von dem Manne genommen.'" (In Matthäus 19,4.5 offenbart Jesus, dass 1. Mose 2,21-23 eine nähere Ausführung von 1. Mose 1,27 ist.) *24 „Darum verlässt ein Mann seinen Vater und seine Mutter und hängt an seiner Frau. Und sie werden zu einem Fleisch sein."* (Nach Matthäus 19,4.5 sind diese zwei Sätze nicht mehr Aussage Adams, sondern Gottes.)

Hier ist einiges zu beachten:

In seiner ersten Antwort verbindet Jesus das „Deswegen/Darum" in V. 24 in 1. Mose 2 nicht nur mit den Versen unmittelbar davor, sondern auch mit V. 27 in Kapitel 1. Das darf er, denn die zwei Texte sind Berichte einer und derselben Geschichte. Unser Herr sagt somit: Es gibt Ehe, weil Gott den Menschen zweigeschlechtlich schuf und dieses auf eine besondere Art und Weise: Die Frau entstand aus dem Manne. Sie *werden* also eins, weil sie zuvor eins *waren*. Von daher („also", V. 6E) ist die Ehe ein Zusammenjochen, das Gott vollzogen hat. Ebenfalls von daher begründet er das Gebot, der Mensch solle dieses Joch nicht auflösen. Wer sich also an einer Ehescheidung schuldig macht, ist zuallererst an Gott schuldig geworden. Dem Ehebruch zwischen Menschen ist ein Treuebruch mit Gott vorausgegangen.

In seiner zweiten Antwort bestätigt unser Herr das Verbot, die Ehe zu scheiden. „Vom Anfang [her] war" keine solche ‚Möglichkeit' vorgesehen.

Es wird allgemein angenommen, dass die Pharisäer sich in ihrer zweiten Frage auf 5. Mose 24,1-4 bezogen. Unter den Begriff des Gebotes bringen sie zwei Handlungen: das Scheiden und das Versehen mit einem Scheidebrief.

Da der Brief in diesem Moment nicht die eigentliche Frage betrifft, kann Jesus ihn übergehen.

Beim Thema Scheiden muss er mit Nachdruck korrigieren. Erstens war es kein Gebot gewesen; zweitens war es ein Zulassen. Hier gebraucht der Herr nicht nur ein anderes Wort als „gebieten", sondern auch ein anderes als das „gestatten" in V. 3. *Epitrępein* hat eine breite Anwendung, die etwa zwischen „Verantwortung anvertrauen" und „zulassen" liegt. Wie wir gleich sehen werden, ist selbst „erlauben" etwas stark. Dem „Zulassen" war eine „Herzenshärtigkeit" Gott gegenüber, eine Auflehnung gegen ihn vorausgegangen. In seiner großen Barmherzigkeit und Geduld vertilgte er sie jedoch nicht sofort, sondern ließ sie „leben nach ihren eigenen Plänen" (vgl. Psalm 81,13). Die Verantwortung für ihr Verhalten oblag aber ihnen, wenn sie eigene Wege einschlagen wollten.

Wenn es also „zugelassen" war, so war es deshalb noch nicht „gestattet". Dazu, sagt er, war es am „Anfang" *nicht* „erlaubt" gewesen – und somit zu dieser Zeit ebenfalls nicht, was nicht nur die Pharisäer überrascht haben wird: Auch seinen Jüngern war das neu.

2. Gegen Ende der Schrift des alten Bundes berührt Gott noch einmal das Thema.

Maleachi 2,15E.16: „Darum hütet euch in eurem Geist und keiner handle in Untreue gegen die Frau deiner Jugend, denn ich hasse Entlassung und Scheidung, sagt der HErr, der Gott Israels, und er, [der Untreue], *bedeckt sein Gewand mit Gewalttat, sagt der HErr der Heere. So hütet euch in eurem Geist, dass ihr nicht in Untreue handelt!"*

Hier werden die Beobachtungen zu 5. Mose 24 mit einer breiten Feder unterstrichen. Immer noch ist Scheidung nicht nach Gottes Willen. Vielmehr „hasst" er sie. Und immer noch ist der Herr zur gleichen Zeit gnädig und bietet eine Lösung für alle Eheprobleme: *„... hütet euch in eurem Geist ..."* Zweimal lässt er es durch den Propheten weitergeben.

Die Gefahr des Auseinandergehens beginnt im inneren Menschen, im „Geist", d.h. im Herzen. Dort soll die Beziehung zum „HErrn, dem Gott Israels," geregelt sein. Von dieser Beziehung her soll die Beziehung zum Ehepartner gepflegt werden. Wo nämlich die Treue zu Gott da ist, kann man in der Treue zur Gattin ausharren.

3. Dass eine Ehe tatsächlich auseinander gehen kann, wird in allen diesen Texten erkannt.

Verboten wird von Gott etwas, das der Mensch leider imstande ist zu tun. Es soll nun der Frage nachgegangen werden, was es ist, das einer lebenslänglichen Beziehung den Tod bringt? – denn nach dem Wort des Apostels (Römer 7,1.2) ist die Ehe gültig, solange man lebt. Wenn Menschen sich nun derart schuldig machen können, dass eine Scheidung eine Ehe auflöst, muss diese Scheidung in den Augen des Herrn einen tödlichen Charakter haben. Nicht nur also, weil es für seine Zwecke nicht nötig war, sondern gerade weil eine Ehescheidung, die es in Gottes Augen auch wirklich ist, diesen Todescharakter trägt, dürfte Paulus das Thema in Römer 7 weggelassen und vorausgesetzt haben. (Bedenken wir, dass der Apostel zu diesem Zeitpunkt bereits den 1. Korintherbrief mit seinen

Regelungen in Kapitel 7 geschrieben hatte.) Da stellt sich die Frage: Was ist nun die Scheidung, die vor Gott diesen Namen verdient und eine Ehe auflöst?

B. Die Scheidung aufgrund von geschlechtlichem Vergehen löst eine Ehe auf.

1. Einleitende Gedanken

a. Begriffliches

I: „Geschlechtliches Vergehen“

Dieser Ausdruck soll hier die Begriffe „Unzucht“ bzw. „Hurerei" (*porneia*) und „Ehebruch“ (*moicheia*) umfassen.

„Unzucht“ wird oft von vorehelicher Geschlechtsverbindung gebraucht, „Ehebruch“ von außerehelicher. Doch findet der erste Begriff zudem im Sinne des zweiten Verwendung: Jeremia 3,2.3.8.9; Hesekiel 23,43.45; 1. Korinther 7,2. Daher kann Jesus allein den Begriff Unzucht als Grund für eine Scheidung anführen, trotz dessen, dass das Wort nicht in den zehn Geboten erwähnt wird.

Wenn man die Unzucht als solche stets fliehen soll (1. Korinther 6,18A), so genügt zur Identifizierung der Sünde ein einziger Akt. Der Begriff kann sich also nicht erst auf eine fortgesetzte Praxis beziehen. Vgl. auch 3. Mose 20,10.13; 21,9.

Nach Friedhelm Jung [Bibel und Gemeinde 2007, Nr. 4, S. 37] schließt *porneia* den Geschlechtsverkehr mit Gleichgeschlechtlichen und den mit Tieren ein. Auf diese Gräuel, später auch „Sodomie“ genannt, hatte die Todesstrafe zu folgen. Auch in der außerbiblischen Literatur des Altertums kann *porneia* die Sodomie einschließen [Theological Dictionary of the NT, Bd. VI, S. 587].

Der These, „Unzucht“ würde sich auf eine verbotene Verwandtschaftsehe beziehen (3. Mose 18), fehlt der schlüssige Beweis. Der Begriff war im AT zu oft und zu klar gebraucht, als dass die Juden, als Jesus in Matthäus 5 und 19 das Wort fallen ließ, nur an Inzucht gedacht hätten. Auch 1. Korinther 5,1 genügt nicht, um sie zu stützen. Dort handelt es sich offenbar um eine Beziehung, aus der der Mann aussteigen und für die er Buße tun soll, nicht um eine Ehe, die er nicht hätte vollziehen sollen.

Auch ist „Unzucht“ nicht mit „geistlicher Hurerei“ auszutauschen. Das wäre in manchen Texten unvorstellbar. Als Grund für eine Scheidung dürfte sie wohl auch nicht einmal auf den Götzendienst zu erweitern sein: 1. Korinther 7,12.13.

II: Für das Auseinandergehen von Eheleuten werden mehrere Ausdrücke verwendet.

apolüein („ablösen“) ist das Losmachen, Entlassen, Scheiden (so in Matthäus 19,3).

chooridsein ist das Absondern, Trennen und kommt in Matthäus 19,6; 1. Korinther 7,10.11 und 15 vor.

aphieemi heißt: ‚verlassen’ und kommt 1. Korinther 7,11-15 vor.

b. Allgemeines zu den synoptischen Texten

Matthäus 5,31.32; 19,3-9 und Markus 10,2-12 behandeln den Fall, in welchem ein Partner, der *nicht* die Treue gebrochen und sich in geschlechtlicher Hinsicht *nicht* vergangen hat, *entlassen* wird. In diesem Fall wird die Ehe erst gebrochen, wenn einer der Partner sich mit einem Dritten verbindet und Geschlechtsverkehr vollzieht. Das wird in besonderer Weise im Markustext deutlich, wo es in Vers 11 heißt:

„Wer immer seine Frau entlässt und eine andere heiratet, begeht Ehebruch *an ihr.*“

Zu Matthäus 5,32A bemerkt A. Schlatter (in seinem Matthäus-Kommentar zur Stelle): „Die Ausnahme, die Jesus macht, liegt im Wesen der Sache. Wenn die Frau, sei es vor, sei es während der Ehe, Unzucht treibt, so macht sie durch ihre Treulosigkeit den Mann von seiner Verpflichtung frei."

Lukas 16,18 sagt ebenfalls, dass die Entlassung alleine nicht genügt, um von einem Ehebruch sprechen zu können; es muss eine neue Geschlechtsverbindung hinzugekommen sein. Erst mit ihr geschieht der Bruch der vorigen Ehe.

Zu Matthäus 5,32 schreiben Lange und Zöckler (Das Evangelium nach Matthäus, 1902, zur Stelle): „Die Ausnahme *parekt**o**s l**o**gou porn**e**ias* [außer aufgrund von Unzucht (H.J.)] fehlt bei Markus 10,11 und Lukas 16,18. Sie findet sich aber wieder in der Verhandlung des Herrn über den Ehebruch (Matthäus 19,9: *ei mee ep**i** porn**e**iai* [außer auf Unzucht hin (H.J.)]) und verstand sich an den betreffenden Stellen von selbst; um so mehr, da nach 3. Mose 20,10 auf dem Ehebruch die Todesstrafe stand – womit die Scheidung natürlich vollendet war."

Die Verse 1. Korinther 7,10.11 gelten als Wiederholung der Stellen in den Evangelien.

2. *Nähere Textbetrachtungen*

a. Matthäus 5,31.32

„Es wurde gesagt: 'Wer immer sich von seiner Frau scheiden wird, gebe ihr einen Scheidungsbrief.' Aber ich sage euch: Wer immer sich von seiner Frau scheiden [o.: entlassen, von sich tun] *wird, außer aufgrund von Unzucht, macht, dass sie Ehebruch begeht, und wer immer* [die] *Geschiedene heiratet, begeht Ehebruch."*

Zu diesen Versen schrieb August Dächsel (Die Bibel mit in den Text eingeschalteter Auslegung, 1898), Luthers Text zitierend:

„Es ist auch [von euren Lehrern in den Schulen, welche die beschränkende Gestattung der Ehescheidung (5. Mose 24,1-4) durch Mißdeutung und Verkürzung des Wortlauts in eine aufmunternde Vorschrift umgewandelt und also auch hier das Gesetz aufgelöst haben] gesagt: Wer sich von seinem Weibe scheidet [sich von ihr zu scheiden beabsichtigt], der soll ihr geben einen Scheidebrief [es steht ihm solche Scheidung aus jeder beliebigen Ursache frei, wenn er nur die gesetzlich vorgeschriebene *Form des Scheidebriefs* dabei erfüllt]. Ich aber [den Keim zu einer, dem Wesen der Ehe wahrhaft entsprechenden Ausgestaltung des ehelichen Rechtsverhältnisses, der in Mosis Worten schon enthalten, von den Schriftgelehrten dagegen durch solchen Mißbrauch ertödtet worden ist, wiederherstellend und zu vollem Leben entfaltend] sage euch: Wer sich von seinem Weibe scheidet – es sei denn um Ehebruch [liegt freilich dieser vor, dann ist ja die Ehescheidung thatsächlich von dem untreu gewordenen Gatten bereits vollzogen und der unschuldige Theil eben so wenig an den schuldigen noch gebunden, wie ein nachlebender Gatte an den verstorbenen (Römer 7,2.3) –, der macht [gerade durch die Ertheilung eines Scheidebriefs, der dem entlassenen Weibe äußerlich das Recht verleiht, mit einem anderen Manne in Gemeinschaft zu treten], daß sie [wenn sie nun wirklich von solchem Recht Gebrauch macht] die Ehe bricht [denn nach göttlicher Ordnung ist sie noch immer an ihren ersten Mann gebunden], und wer eine Abgeschiedene [d.i. die mittels Scheidebriefs von ihrem Mann Entlassene] freiet, der bricht die Ehe [denn die Abgeschiedene gehört rechtmäßig noch eben so gut dem ersten Manne an, wie vor ihrer Entlassung, und der sie freiet, macht den von jenem nur erst begonnenen Bruch der Ehe nun vollständig und unwiderruflich (5. Mose 24,4)].“

Es ist nun, um es ein wenig anders zu sagen, keine geringere Autorität als Jesus, die sagt: Wer immer seine Frau entlassen wird, sich von ihr scheidet, wenn sie nie mit einem anderen geschlafen hatte, der wird die Ursache dafür, dass sie Ehebruch begeht. Vor Gott ist seine Ehe mit ihr damit *nicht* aufgehoben, dass er sie von sich tut, sich von ihr scheidet – z.B. dem Landesgesetz entsprechend. Sie *denkt* aber, dass ihre Ehe geschieden sei, und heiratet also wieder, was auch normal wäre. Jesus setzt dieses ohne Rüge voraus – denn nicht, dass sie an eine Ehe nach einer Scheidung denkt, bedauert er, sondern dass sie in Unwissenheit zu einem Schritt veranlasst wird, dessen Ernst sie nicht erkennt. Nach der neuen Heirat schläft sie nämlich zum ersten Mal mit einem anderen als ihrem eigentlichen Mann. Darum begeht sie (leider ohne ihr Wissen) gegenüber ihrem eigentlichen Mann Ehebruch.

Adolf Schlatter (a.a.O.) schreibt zur Stelle: „Wenn der Mann nun das Weib aus seinem Hause schickt und dadurch nötigt, sich an einen anderen Mann zu wenden, so wird durch die zweite Ehe die erste gebrochen." Die Ursache jedoch für diesen ihren Ehebruch ist ihr erster Mann, denn er hatte sich ohne Grund von ihr geschieden.

Jesus sagt: Derjenige, der diese ohne Schuld „geschiedene" Frau ehelicht, begeht ebenfalls Ehebruch, denn er schläft in dem Fall mit einer Frau, die eigentlich immer noch mit einem anderen verheiratet ist. Jesus teilt mit: Wer immer seine Frau entlässt, sich von ihr scheidet, wenn sie mit einem anderen Manne geschlafen hatte, der wird *nicht* die Ursache für einen Ehebruch ihrerseits. Warum nicht? Weil er sich *zu Recht* von ihr scheiden ließ.

b. Matthäus 19,9

Hier steht Ähnliches, aber auch Ergänzendes.

„Ich sage euch: Wer irgend sich von seiner Frau scheidet [o.: sie entlässt, von sich tut]*, außer auf Unzucht hin, und eine andere heiratet, begeht Ehebruch, und der, der die Geschiedene heiratet, begeht Ehebruch."*

Jesus sagt: Wer immer seine Frau entlassen wird, sich von ihr scheidet, wenn sie nie mit einem anderen geschlafen hatte, begeht Ehebruch, wenn er wieder heiratet, denn er ist immer noch mit der vorigen Frau verheiratet und schläft jetzt mit einer anderen als seiner eigentlichen Frau. Andererseits sagt er: Wer immer seine Frau entlassen wird, sich von ihr scheidet, wenn seine Frau mit einem anderen geschlafen hatte, begeht *nicht* Ehebruch, wenn er eine andere ehelicht, denn seine vorige Ehe war vor Gott geschieden. Es ist dasselbe, wie wenn seine vorige Frau – wegen Geschlechtsverkehr mit einem anderen – gesteinigt worden (vgl. 3. Mose 20,10) und somit tot wäre.

Dieses im mosaischen Gesetz im Fall von Ehebruch gebotene Justizmittel war in Israel zur Zeit Jesu wegen der Abhängigkeit von der Gesetzgebung der Besatzungsmacht in der Praxis nicht möglich. Das geben die Juden vor Pilatus zu (Johannes 18,31). Wenn diese Hinrichtungsart dennoch dann und wann (Johannes 8,5; Apostelgeschichte 7,56) gewagt wurde, so zeigt es nur, dass selbst die strengen Römer manchmal in diesem so schwer zu regierenden Volk ein Auge zudrückten.

An dieser Stelle darf ein klärendes Wort gesagt werden zu dem seltsamen Vorgehen kurz vor der Geburt unseres Herrn. Bereits seit geraumer Zeit waren durch allmächtige Fügung des Gottes Israels die Römer im Lande und beschnitten die Freiheiten der Juden. Als Joseph (Matthäus 1,18.19) erfuhr, dass seine Verlobte schwanger war, meinte er, sie wäre ihm untreu geworden. Darauf stand laut alttestamentlichem Recht die Todesstrafe (5. Mose 22,13.14.20.21). Er wollte Maria nun aber nicht „der Schmach aussetzen, gleichsam an den Pranger stellen“, sondern „nahm sich vor, sich heimlich von ihr zu scheiden“ – denn die Verlobung war so bindend, dass sie eheschließenden Charakter hatte.

Nun wird Joseph ausdrücklich als „gerecht“ beschrieben. Warum denkt er denn an eine Scheidung anstatt eine Steinigung? Und weder der Erzähler Matthäus noch der Engel stellt es als verkehrt dar, dass er sich scheiden will. Es gehörte eben zum Gericht Gottes über sein Volk, dass es nicht imstande war, in allem nach dem Gesetz zu handeln – und zwar, weil es nicht in allem nach dem Gesetz hatte handeln wollen. Israel blieb aber unter der geduldigen Hand Gottes, bis das verheißene Heil da war. In diesem Augenblick stand es vor der Tür. Joseph beugt sich als „Gerechter“ unter der Fügung Gottes und schlägt – in Gedanken – den Weg ein, der ihm offen steht.

Nicht also, weil 5. Mose 24 die Scheidung auf Ehebruch vorgesehen hatte, handelt Joseph so, sondern aus demselben Grunde, aus dem sein ihm anvertrauter (Pflege-)„Sohn“ Jesus später im obigen Text diese Regelung aussprach.

c. Fazit

Kommt Unzucht bzw. Ehebruch in einer Ehe vor, dazu eine formale Scheidung, so ist die Ehe aufgelöst. Die Situation ist mit dem alttestamentlichen Fall zu vergleichen, in dem ein Unzüchtiger oder Ehebrecher die Todesstrafe erlitt. Immerhin war Jesus der Gott, der Israel unter die Herrschaft eines Volkes gebracht hatte, welches ihm das Hinrichtungsrecht aus der Hand nahm. So kommt die Scheidung gleichsam an die Stelle der Todesstrafe. Wenn Paulus bereits die Christin, die sich ungerechtfertigterweise von ihrem gläubigen Mann trennt, als „unverheiratet" bezeichnet (1. Korinther 7,11), wie viel mehr ist diese Bezeichnung auf eine Trennung anzuwenden, die Jesus rechtfertigt? Für eine ausführliche Besprechung der Grammatik dieser Matthäusstellen und der verschiedenen Ansichten zum Inhalt sehe man Carsons Matthäuskommentar ein: „The Expositor's Bible Commentary" (Zondervan), Bd 8, S. 416, 417.

C. Die Scheidung aufgrund von vorsätzlichem Verlassen löst eine Ehe auf. 1. Korinther 7,12-15

1. Grundsätzliche Bemerkungen zum Textzusammenhang V. 1-16

a. Die Ehe bietet einen gewissen Schutz, obwohl der Ledigenstand auch seine Vorteile hat. V. 1-9

„Was die Punkte betrifft, [über] die ihr mir schriebt: Es ist gut für einen Mann, eine Frau nicht zu berühren. 2 Aber wegen der Unzucht habe jeder seine eigene Frau, und jede [Frau] habe [ihren] eigenen Mann. 3 Der Mann leiste der Frau die schuldige Wohlgesinnung und die Frau gleicherweise dem Manne. 4 Die Frau hat nicht Vollmacht über den eigenen Leib, sondern der Mann, und gleicherweise hat der Mann nicht Vollmacht über den eigenen Leib, sondern die Frau. 5 Entzieht euch einander nicht, außer nach Übereinkunft für eine bestimmte Zeit, damit ihr Muße zum Fasten und zum Beten habt und wieder zusammenkommt, damit der Satan euch nicht

versuche wegen eurer Unenthaltsamkeit. 6 Aber dieses sage ich als Zugeständnis, nicht als ausdrücklichen Befehl, 7 denn ich wünsche, alle Menschen wären wie auch ich selbst. Jeder hat jedoch eine eigene Gnadengabe von Gott, der eine so, der andere so. 8 Ich sage aber zu den Unverheirateten und den Witwen: Es ist für sie gut, wenn sie bleiben wie auch ich. 9 Sind sie aber nicht ihrer selbst mächtig, sollen sie heiraten, denn es ist besser zu heiraten als zu glühen.“

b. Gott will nicht, dass Mann und Frau sich trennen. V. 10-14

I: Den Christen mit gläubigen Ehepartnern wird geboten, zusammenzubleiben. V. 10.11

Das hatte, sagt der Apostel, unser Herr bereits gelehrt:

„Aber die Verheirateten weise ich an – nicht ich, sondern der Herr –, dass eine Frau sich nicht vom Mann trenne 11 (wenn sie sich aber auch getrennt haben sollte, bleibe sie unverheiratet oder versöhne sich mit dem Mann) und dass der Mann die Frau nicht verlasse oder verstoße.“

II: Den Gläubigen mit ungläubigen Ehepartnern wird nahegelegt, nach Möglichkeit zusammenzubleiben. V. 12-14

„Aber den anderen sage i c h, nicht der Herr: Wenn etwa ein Bruder eine ungläubige Frau hat und sie einverstanden ist, bei ihm zu wohnen, verlasse oder verstoße er sie nicht; 13 und eine Frau, die einen ungläubigen Mann hat, und er ist einverstanden, bei ihr zu wohnen, verlasse oder verstoße ihn nicht; 14 denn der ungläubige Mann ist geheiligt durch die Frau, und die ungläubige Frau ist geheiligt durch den Mann. Im anderen Fall wären eure Kinder unrein. Nun aber sind sie heilig.“

A: Zweierlei könnte korinthische Christen an eine Trennung vom nichtchristlichen Gatten haben denken lassen.

1: Paulus hatte offenbar einmal die Absonderung von der Welt betont.

Siehe das vorige Kapitel.

2: Das radikale Vorgehen zur Zeit Esras lag als Vorbild nahe. Esra 9; 10

Zu jenem ist jedoch folgendes zu bemerken. Es ging dort um das Reinhalten eines irdischen Gottesvolkes. Die Lösung, auch wenn sie von Esra angenommen wurde, war nicht ein ausdrückliches Gebot Gottes, sondern ein „Rat“ (Esra 10,3) Schekanjas, obzwar aufgrund des Wortes Gottes. Jedem Nichtisraeliten, also jenen heidnischen Frauen, stand stets der Weg der Bekehrung zum Gott Israels frei, ein Weg, den z.B. Rahab, Ruth und Urija beschritten.

B: Das Zusammenbleiben begründet der Apostel wie folgt.

Der ungläubige Teil der Ehe ist durch den gläubigen Teil geheiligt. Diese Aussage ist nicht eine Beschreibung des Ungläubigen, sondern als Hilfe für den Gläubigen gedacht, der seinen nichtchristlichen Lebensgefährten abwerten könnte. „Heilig“ dürfte hier im eigentlichen Sinne gebraucht sein: „zu Recht zugeordnet“.

Wenn sich Paulus in diesem Zusammenhang auf Jesus beruft, so liegt es nahe, an das Paradies zu denken, zu dem unser Herr in der Auseinandersetzung mit den Pharisäern zurückkehrte. In der Eheschließung, sagte Jesus, handle Gott, der Schöpfer. Sie ist also heute noch etwas aus jenem Paradies „Gerettetes“, Mitgeführtes.

Auch wenn ein Ehepartner nicht mit Gott versöhnt ist, so ist er also doch mit dem, der es wohl ist, gottgewollt verheiratet. Er ist als Ehepartner dem gläubigen Teil „geheiligt“, zugeordnet. Der Gläubige braucht keine Bedenken zu haben. Er darf durchaus legitime Geschlechtsgemeinschaft mit ihm haben. Sonst wäre ja das Ergebnis, das Kind, „unrein“.

(Wir stellen hier ein anderes Wort fest, denn es geht ja beim Kind um eine andere Beziehung. Die *primäre* Ebene des Gespräches ist die Ehe.)

Legt also der Ungläubige nichts in den Weg, so soll man zusammenbleiben. Der gläubige Teil darf von sich aus nichts unternehmen, die Ehe aufzulösen, darf auch dem anderen keine Bedingungen stellen, sondern soll sein Los, das ihm Gott beschert hat, in Geduld tragen, „denn er gibt Gnade, die genug ist".

c. Wenn sich der Ungläubige trennt V. 15.16

„Wenn sich der Ungläubige aber trennt und sich getrennt hält, trenne er sich und halte sich getrennt. Der Bruder oder die Schwester ist in solchen [Fällen] nicht gebunden – in Frieden hat uns Gott gerufen –, 16 denn was weißt du, Frau, ob du den Mann retten wirst, oder was weißt du, Mann, ob du die Frau retten wirst?"

Wir beachten folgendes:

Es geht um eine Ehe, in der ein Teil gläubig ist, ein „Bruder" oder eine „Schwester" in Christus, der andere ein Ungläubiger ist. Wann der eine Teil gläubig wurde, wird nicht gesagt. Ob der andere Teil immer ungläubig war oder abgefallen ist, wird auch nicht gesagt. Der Nichtgläubige will nun aus der Eheverbindung heraus. Warum, wird nicht gesagt. Ist der Nichtgläubige nicht mehr „einverstanden", bei dem gläubigen Teil „zu wohnen", und er trennt sich, so soll man ihm nichts in den Weg legen.

Zwei Gründe werden hierfür angegeben:

- Auch in einer so unbequemen Situation soll man den Frieden, in dem Gott uns zu Jesus rief, bewahren (V. 15E). Kein Druck!

- Der andere Grund (V. 16): Eine Garantie, dass es doch eines Tages anders werden könnte, hat man nicht. Vor Gott steht man alleine – und wird man alleine stehen. Über den Willen eines anderen verfügt man nicht. In diesem Fall heißt es: „... so ist der gläubige Partner nicht gebunden“. An dieser Stelle sind einige Untersuchungen anzustellen, die nun folgen.

2. Zur Autorität des Paulus in diesem Text

a. Unter keinen Umständen darf die Vollmacht des Apostels hier in Frage gestellt werden.

Andernfalls wird er vor den Korinthern unglaubwürdig, wenn er anschließend in V. 17 schreibt: „Und so ordne ich in allen Gemeinden an.“

b. Auf zweierlei Weise wird seine Vollmacht herausgestellt.

Erstens verwendet er zu Beginn (V. 10) das Wort *paranggelloo*: Ich weise an, erteile Auftrag.

Zweitens stellt er sich in den Versen 10-12 in *eine* Reihe mit Jesus, wenn er zuerst die Lehre des Herrn erwähnt und dann seine eigene zu dieser hinzufügt. Man beachte den Übergang von V. 10 zu V. 12; er ist einmalig und höchst bedeutsam:

V. 10: „nicht ich, sondern der Herr“

V. 12: „ich, nicht der Herr“

Diese Formulierung wird in den Schriften des Paulus nur hier angetroffen. Sie zeigt, dass es in seinem Denken klar war, dass die Probleme der Verse 10 und 11 mit Vollmacht vom Herrn selbst bereits behandelt waren, wie uns in den Evangelien berichtet wird, und dass er mit ähnlicher Vollmacht weitere Anordnung gibt.

c. Die neue Lage fordert neues göttliches Licht.

Das Problem der Verse 12-15 ist noch nie zuvor geregelt worden. Hier legt Paulus ein apostolisches Urteil vor – nicht in Bezug auf ungesetzmäßiges Entlassen, sondern in Bezug auf verantwortungsloses *Ver*lassen von Seiten des Ungläubigen, evtl. wegen dessen religiöser Feindseligkeit und Intoleranz gegenüber dem Gläubigen.

d. Dieses Urteil spricht er als ein Gebot vom Herrn.

D.h., er spricht im Auftrag des Herrn Jesus, wie er in V. 25 zu verstehen gibt.

3. Spezielles zu V. 15

a. „Lass ihn sich getrennt halten."

Wenn der ungläubige Ehepartner sich vom gläubigen Teil trennt, hat der Gläubige nicht das Recht, den ungläubigen Partner zum Bleiben zu zwingen; er soll ihn nicht am Trennungsvorgang hindern. Der Ausdruck: „lass ihn sich getrennt halten", ist verhältnismäßig stark. Er kommt der Aussage gleich: Es sei eine Trennung vollzogen!

Ins Auge fällt ein Zweifaches: Das Wort ist ein Imperativ, ein Befehl, nicht aber an den Ungläubigen (er handelt im Zeichen seines Unglaubens gegenüber dem Evangelium), sondern an den Gläubigen. Jesus hatte vormals, in einem anderen Fall, eine Scheidung *erlaubt*. Hier wird einem Gläubigen *befohlen*, einem ungläubigen Partner nicht in seinem Trennungsvorhaben zu hindern – was nicht ohne Bedeutung für das Nachstehende ist.

b. „Der Bruder oder die Schwester ist in solchen Fällen nicht gebunden."

Dieses Urteil ist für den Gläubigen das Resultat einer solchen Trennung. Meint der Apostel, dass vorsätzliches Verlassen und Bruch so viel wie ein Durchschneiden des Ehebandes bedeutet, und zwar so vollständig, dass das Ehegelöbnis aufgehoben und der unschuldige Partner wie eine ledige, unverheiratete Person dasteht, frei von den Aufgaben und Verantwortungen der Ehe? Kurz gesagt: Gleicht vorsätzliches Verlassen in seiner Auswirkung einer gültigen Scheidung? Dem Zusammenhang nach scheint dieses wirklich der Fall zu sein. „Nicht gebunden" steht nämlich der bindenden Aussage von V. 11A gegenüber.

Was ist es *eigentlich*, das den Gläubigen von seinem Partner frei macht, „ungebunden“? Fragen wir, um an die Antwort zu gelangen, zuerst anders: Was band ihn? Nicht ein Ehevertrag, der, wenn der Eine ihn an einer Stelle nicht einhält, den anderen von seinem Treueversprechen entbindet. Zweierlei band ihn: sein eigenes Treueversprechen und das Wort Gottes: „Was Gott zusammenfügte, soll ein Mensch nicht trennen.“ Wenn nun Gott selbst unter gewissen Bedingungen einen Ehepartner freispricht, so ist er frei von dem, was die Ehe band, nicht mehr gebunden, wie er gebunden war.

4. Zwei Einwände gegen eine solche Folgerung sollen berücksichtigt werden.

a. Es wird gesagt, der Apostel hätte mit einer solchen Aussage der klaren Lehre Christi widersprochen. Zwei Hinweise mögen als Antwort dienen.

I: Es geht in diesem Kapitel um drei Linien der Autorität.

Es ist zu beachten, dass Paulus äußerst vorsichtig ist, in diesem Kapitel die Linien der Autorität zu zeichnen.

- Zum Einen nimmt er Bezug auf die Lehrtätigkeit und Autorität Christi, wenn er sagt: „Ich weise an, doch nicht ich, sondern der Herr.“

- Dann spricht er in seiner eigenen apostolischen Vollmacht, in dem Wissen, dass er ein Gebot vom Herrn hat. Dieses schließt unseren Abschnitt ein.

- Schließlich (V. 25-40) spricht er sein „Gutachten“ aus, seine Meinung, gebildet durch die Erleuchtung des göttlichen Geistes.

Paulus weiß also, wann er sich in der einen oder anderen Linie der Autorität befindet. Er weiß, wann er sich in der Überlieferung (der Lehre Jesu, V. 10) befindet, wann in der apostolischen Offenbarung (V. 12) und wann in der Erleuchtung des Geistes (Verse 25.26.40).

Der Apostel war sich dessen voll bewusst, dass er über seinen Herrn (wie er in den Evangelien gesprochen hatte) hinausging. Er sprach aber nicht *gegen* ihn. Deswegen bezieht er sich auch nicht auf die Worte und die Lehre Jesu, sondern auf seine eigene apostolische Vollmacht, wenn er daran geht, das neue Problem zu lösen; denn was Jesus zum Thema Scheidung gesagt hatte, deckte nicht diesen Fall. Derselbe Herr, der damals auf Erden gesprochen hatte, war nun im Himmel und redete hier in diesem Schreiben (dem ersten Korintherbrief), das göttliches Wort war, durch seinen neutestamentlichen Propheten Paulus und gab neue Ausrichtung.

II: Die Probleme, die Jesus und Paulus behandeln, sind zwei verschiedene.

Jesus behandelte das Problem des *Ent*lassens. Paulus dagegen spricht von einem vorsätzlichen *Ver*lassen seitens eines Ungläubigen.

Mit dem Ausdruck „den anderen“ in Vers 12 teilt der Apostel die verheirateten Leser in zwei Gruppen: Ehepaare, bei denen beide gläubig sind – denn nach Kapitel 1,2 schreibt er an Gläubige –, und Gläubige, die ungläubige Ehepartner haben. Zur ersten Gruppe sagt er: „Ich weise an“, und gibt weiter, was Jesus gelehrt hatte. Die zweite Gruppe spricht er in Vers 12 an.

Paulus widerspricht nicht seinem Herrn. Vielmehr stellt er im Namen seines Herrn einen Grundsatz heraus, um in der neuen Heilsgemeinde Fälle zu regeln, die bis dahin sonst wo nicht vorgekommen waren – wie er es auch in mancherlei anderer Hinsicht zu tun hatte.

b. Zweiter Einwand

Es wird gesagt, die zwei Ausdrücke in Vers 15: „lass ihn sich getrennt halten“ und „nicht ein Gebundener“, seien nicht als starke, sondern als schwache zu betrachten. Letzterer sei nicht gleichstark wie „gebunden“

in den Versen 27 und 39.

Zum ersten Ausdruck

„Lass ihn sich getrennt halten“ ist aufgrund folgender Überlegungen in der Tat als eine schwerwiegende Aussage einzuschätzen. Es kann sich hier in 1. Korinther 7,15 nicht nur um ein vorübergehendes getrenntes Wohnen handeln, wenn wir bedenken, dass Jesus in Matthäus 19,6 diesen selben Ausdruck von der Ehescheidung, die dort im Gespräch ist, verwendet – in klarem Gegensatz zu „zusammengejocht“. „Trennen“ entbindet also, wo „Zusammenjochen“ band.

In unserem Text steht das Tätigkeitswort beide Male in der Dauerform, das zweite Mal im Imperativ: „Wenn er sich getrennt hält, lass ihn sich getrennt halten“ – kurz und bündig: Die Ehe ist aufgehoben. Lass sie aufgehoben bleiben.

Lenski (The Interpretation of First Corinthians, 1948, zur Stelle) betont: „Was die Ehe bricht und zerstört, ist die Tatsache, dass er [der ungläubige Teil] sich getrennt hält. Paulus gebraucht die Wirklichkeitsform und denkt also an einen tatsächlichen Fall.“

Zum zweiten Ausdruck

„Nicht ein Gebundener“ ist ebenfalls tiefgreifend.

Zur Herkunft des Hauptwortes: Ausleger sind sich darin weithin einig, dass die zwei Wörter „Gebundener“ (V. 15, im Grundtext: ein Versklavter, von *doulos*) und „gebunden“ (Verse 27 und 39, griech: *deoo*) eine gemeinsame Wurzel haben („ich binde“) und so etymologisch miteinander verwandt sind.

Der Zusammenhang: Wie geht Paulus in diesem Kapitel vor? Er hat besondere Anweisungen für das Verhältnis von Mann und Frau in der Ehe (Verse 1-5). Er hat ein klares Wort für gläubige Eheleute über Treue (Verse 10.11). Er hat ein besonderes Gebot für gläubige Männer mit ungläubigen Frauen und umgekehrt, für „Mischehen“ also (Verse 12-14).

Später stellt er klare Richtlinien für Alleinstehende auf. Es ist also zu erwarten, dass er an dieser Stelle ebenfalls ein deutliches Wort für den vorsätzlich verlassenen Gläubigen haben dürfte.

Man beachte nun den Kontrast zwischen V. 15 und den Versen 10 und 11. Da heißt es: „Eine Frau trenne sich nicht von ihrem Mann“ – wenn sie aber gegen dieses Gebot verstößt: „Lass sie unverheiratet bleiben.“ Dagegen weist Paulus in V. 15 an: „Lass ihn / lass sie sich getrennt halten“ – mit dem Ergebnis: „Ein Bruder, eine Schwester ist in solchen Fällen nicht ein Gebundener.“ Dieser Kontrast ist bedeutsam und führt uns zu dem Schluss, dass er die gänzliche Befreiung des Gläubigen vom Ehebund und von allen bisherigen ehelichen Aufgaben und Verpflichtungen beinhaltet.

Zu beachten ist auch die Verwandtschaft und der Gebrauch der beiden Ausdrücke „Gebundener“ / „Versklavter“ (V. 15) und „gebunden“ (Verse 27 und 39). Es liegt nahe zu schließen, dass „nicht gebunden / versklavt“ in V. 15 das Gegenteil von dem ist, was in den Versen 27 u. 39 „gebunden“ ist. Wie der eine in der Ehe gebunden ist, so ist der andere (im Fall der Verstoßung) in Bezug auf die Ehe ungebunden, ein Hinweis auf die Auflösung des Ehebundes.

Es darf hier wiederholt werden, was oben schon gesagt wurde: Zweierlei band den Gläubigen: sein eigenes Treueversprechen und das Wort Gottes aus dem Munde Jesu: „Was Gott zusammenfügte, soll ein Mensch nicht trennen.“

Wenn nun Gott selbst unter gewissen Bedingungen einen Ehepartner freispricht, so ist er frei von dem, was die Ehe band, nicht mehr gebunden, wie er gebunden war.

5. *Fazit*

Handelt es sich um einen Mann, so ist es ein Akt der Untreue seiner Frau sowie der Unverantwortlichkeit seinem Hause gegenüber. Trennt sich eine ungläubige Frau von ihrem gläubigen Mann, bedeutet solches Verlassen Untreue dem Mann gegenüber sowie Auflehnung gegen die Ordnung Gottes.

Was unser Herr voraussah und als Möglichkeit verbot („Was Gott zusammenjochte, soll ein Mensch nicht trennen“), wird hier Erfahrung und Wirklichkeit. In seiner Sündhaftigkeit kann der Mensch scheiden, was Gott zusammengefügt hat – nicht nur durch außereheliche Geschlechtsgemeinschaft, sondern auch durch einen Willensakt des Desertierens. Offenbar kommt ein solches Verhalten einem Ehebruch gleich.

Vorsätzliches Verlassen ist eine schwere Sünde. In diesem Fall ist der Ehebund aufgelöst und der unschuldig Geschiedene frei. Ein Sklave, der freigelassen wurde, war nicht mehr an seinen alten Herrn gebunden. Ähnliches kann auch für denjenigen gefolgert werden, der unschuldig aus einem bestehenden Ehebund entlassen wurde: Er ist frei.

D. Eine Scheidung <u>außer</u> aufgrund obiger zwei Gründe löst eine Ehe <u>nicht</u> auf.

1. Dieses trifft zu, ob der Entlassende der Mann oder die Frau ist.

Matthäus 5,32: „Aber ich sage euch: Wer immer sich von seiner Frau scheiden wird [o.: sie entlassen, von sich tun wird], *außer aufgrund von Unzucht, macht, dass sie Ehebruch begeht, und wer immer [die] Geschiedene heiratet, begeht Ehebruch.“*

19,3-6: „Und es kamen die Pharisäer zu ihm, stellten ihn auf die Probe und sagten zu ihm: ‚Ist es einem Menschen gestattet, aus jedem Grund sich von seiner Frau zu scheiden?‘ 4 Er gab ihnen zur Antwort: ‚Habt ihr nicht gelesen, dass der, der sie machte, sie von Anfang einen Männlichen und eine Weibliche machte 5 und sagte: Deswegen wird ein Mensch den Vater und die Mutter verlassen und an seine Frau gefügt werden, und es werden die Zwei zu einem Fleisch sein? 6 So sind sie nicht mehr zwei, sondern ein Fleisch. Was also Gott zusammenjochte, soll ein Mensch nicht trennen.‘“

Markus 10,11.12: „Und er sagt zu ihnen: ‚Wer irgend sich von seiner Frau scheidet und eine andere heiratet, begeht an ihr Ehebruch. 12 Und wenn sich eine Frau von ihrem Mann scheidet und mit einem anderen verheiratet wird, begeht sie Ehebruch.'"

2. Es trifft auch dann zu, wenn der Fall ein schwerwiegender zu sein scheint.

a. Der Bezug zu 5. Mose 24

Matthäus 19,7-9: „Sie sagen zu ihm: ‚Warum, in dem Fall, gebot Mose, einen Scheidebrief zu geben und sich von ihr zu scheiden?' 8 Er sagt zu ihnen: ‚Im Blick auf eure Herzenshärtigkeit erlaubte es euch Mose, euch von euren Frauen zu scheiden. Vom Anfang her war es aber nicht so geschehen. 9 Ich sage euch: Wer irgend sich von seiner Frau scheidet, außer auf Unzucht hin, und eine andere heiratet, begeht Ehebruch, und der, der die Geschiedene heiratet, begeht Ehebruch.'"

Eine Hilfe zum Verständnis des Bezuges liefert ein Vergleich mit Markus 10,1-9:

„Und er macht sich von dort auf und geht durch [das Land] jenseits des Jordans in das Gebiet von Judäa. Und wieder kommen Mengen zusammen zu ihm hin. Und er lehrte sie wieder, wie er gewohnt war. 2 Und es kamen die Pharisäer zu [ihm] und befragten ihn: ‚Ist es einem Menschen gestattet, sich von [seiner] Frau zu scheiden?' – womit sie ihn versuchten. 3 Er gab ihnen zur Antwort: ‚Was gebot euch Mose?' 4 Sie sagten: ‚Mose erlaubte, eine Abstandsschrift zu schreiben und sich zu scheiden.' 5 Jesus gab ihnen zur Antwort: ‚Im Blick auf eure Herzenshärtigkeit schrieb er euch dieses Gebot. 6 Aber am Anfang der Schöpfung machte Gott sie einen Männlichen und eine Weibliche. 7 Deswegen wird ein Mann seinen Vater und die Mutter verlassen und wird an seine Frau gefügt werden. 8 Und es werden die zwei zu einem Fleisch sein. So sind sie nicht mehr zwei, sondern ein Fleisch. 9 Was also Gott zusammenfügte, soll ein Mensch nicht trennen.'"

Schildern die zwei Texte eine und dieselbe Begebenheit?

Die Eingangsformulierung ist in beiden ähnlich. Allerdings, sollten sich beide Texte auf ein Gebiet östlich des Jordans beziehen, so dürfte Markus eine Art Betonung hinzugefügt haben. Auch die erste Frage der Pharisäer ist in beiden Texten ähnlich. Mit der Antwort Jesu beginnt jedoch das Gespräch verschieden zu verlaufen.

In Matthäus geht Jesus (V. 4) zunächst auf den Schöpfungsbericht zurück, worauf gefragt wird, warum Mose denn „geboten" habe, ein Abstandsschreiben zu liefern. Diesen Ausdruck korrigiert Jesus mit dem Wort „gestatten".

Dagegen reagiert Jesus bei Markus auf die Frage der Pharisäer mit einer Gegenfrage: „Was gebot euch Mose?" In diesem Fall gibt man ihm die richtige Antwort: „Mose gestattete ..." Erst in seiner Antwort hierauf kommt Jesus auf 1. Mose 1 u. 2 zu sprechen. Die Verordnung Moses nennt er zwar ein Gebot, doch nicht so, dass er ihre Formulierung korrigieren würde. „Gebot" dürfte sich auf die ganze Verordnung im Mosetext beziehen.

Trotz der Bemühungen namhafter Ausleger, die zwei Texte als die Beschreibung einer und derselben Situation zu erklären, sind die Unterschiede m.E. derart, dass wir an zwei verschiedene Begebenheiten zu denken haben, die wohl jeweils auf einer anderen Seite des Jordans stattfanden. Gerade diese Tatsache wirft Licht auf die ursprüngliche Formulierung in 5. Mose 24 und hilft uns, jene so schwierige Stelle zu übersetzen:

V. 1.2: „Wenn ein Mann eine Frau genommen und sie geehelicht hat, und es geschieht, dass sie nicht Gnade findet in seinen Augen, weil er etwas Schamwürdiges an ihr gefunden hat – und er soll, [wenn er sich von ihr scheidet], ihr einen Scheidebrief schreiben und ihr in die Hand geben –, 2 und [wenn] er sie aus seinem Hause entlässt und sie aus seinem Hause geht und hingeht und die Frau eines anderen Mannes wird ..."

Es ist nicht ohne Bedeutung, über das Gewicht des Scheidungsgrundes nachzudenken. Folgende Schriftstellen schließen die Möglichkeit aus, das „Schamwürdige" entweder der vorehelichen oder der außerehelichen Geschlechtsverbindung gleichzusetzen: 3. Mose 20,10; 4. Mose 5,11-31; 5. Mose 22,13-29. Andererseits lassen 1. Mose 2,18-24; 2. Mose 20,14 und das Gewissen auch nicht an jede Missfälligkeit denken. Es muss sich also schon um etwas Schwerwiegendes außer Unzucht oder Ehebruch gehandelt haben, wenn Gott hier durch Mose eine Art Konzession zuließ, um dann sofort einen Damm davor aufzubauen.

Von diesem Text sagt nun Jesus: „Im Blick auf eure Herzenshärtigkeit schrieb er euch dieses Gebot ... erlaubte es euch Mose, euch von euren Frauen zu scheiden. Vom Anfang her war es aber nicht so geschehen."

Für die erweichten Herzens und Gott Treuen ist also 5. Mose 24 nicht aktuell. Eine Entlassung ohne Ehebruch kommt nicht in Frage. Der Herr weist auf die ursprüngliche Ordnung hin. Erst bei einer Wiederheirat – und anschließender geschlechtlicher Verbindung – eines der Partner nach einer unrechtmäßigen Scheidung ist die erste Ehe gebrochen, dann aber wohl. Nach 5. Mose 24 gab es dann kein Zurück mehr. Die Ehe war aufgelöst.

Auf Jesaja 50,1 und Jeremia 3,1.8 (Hosea, ein umstrittener Fall, liegt parallel zu Jesaja und Jeremia) beruft man sich zu schnell, will man von dort her zeigen, dass 5. Mose 24 auch auf den Ehebruch zu beziehen war. Die entscheidendere Stelle ist Jeremia 3:

„Es heißt: Sieh: Es entlässt einer seine Frau. Und sie ist von ihm weggegangen. Und sie ist eines anderen Mannes geworden. Wendet er sich wieder zu ihr? Ist nicht jenes Land schwer verunreinigt? Und du hast mit vielen Liebhabern gehurt. Aber kehre du zurück zu mir! sagt der Herr ... Und ich sehe, wenn ich Israel, die Abtrünnige, wegen allen begangenen Ehebruchs entlassen habe und ihr einen Scheidebrief gebe, dass die treulose Juda, ihre Schwester, sich nicht gefürchtet hat und hingeht und Unzucht begeht, auch sie." (V. 1.8)

Durch Mose sprach Gott wegen der Herzenshärtigkeit der Israeliten und schrieb ihnen vor, wie ihre Sünde einzudämmen war. Durch Jesaja und Jeremia spricht Gott, wenn er sein eigenes *weiches* Herz beschreibt sowie sein entsprechendes Vorgehen. Juda ist nach Jesaja kein Scheidebrief ausgestellt worden, dem nördlichen Israel, nach Jeremia, wohl. Beide will Gott, ihr Ehemann, trotz flagranten Ehebruchs, wieder zurückhaben! Hier wird in die zukünftige Heilszeit gewiesen, wo, erstens, es Ehescheidung statt Steinigung geben sollte, und, zweitens und vor allem, Vergebung und Versöhnung auch bei schlimmstem Vergehen.

Das Urteil Jesu in Matthäus 19,8.9 ist weitreichend, Gesetz ändernd. Es zeigt prophetisch, wie das Evangelium die Gesellschaftsprobleme auf eine andere Art, nämlich *von innen her*, lösen sollte.

b. 2. Mose 21,2-6

„Wenn du einen hebräischen leibeigenen Knecht kaufst, soll er sechs Jahre dienen und im siebenten soll er als Freier kostenlos ausgehen. 3 Wenn er alleine kam, soll er alleine ausgehen. Wenn er eine Frau hatte, soll seine Frau mit ihm ausgehen. 4 Wenn sein Herr ihm eine Frau gab und sie ihm Söhne oder Töchter geboren hat, sind die Frau und ihre Kinder ihres Herrn, und er soll alleine ausgehen. 5 Und wenn der leibeigene Knecht in der Tat sagt: ‚Ich liebe meinen Herrn, meine Frau und meine Kinder; ich will nicht als Freier ausgehen', 6 so bringe ihn sein Herr vor Gott, und er bringe ihn an die Tür oder an den Pfosten, und sein Herr durchbohre sein Ohr mit einer Pfrieme, und er diene ihm für immer."

Die mosaische Regelung (V. 4) lautet: *„Wenn sein Herr ihm eine Frau gab und sie ihm Söhne oder Töchter geboren hat, sind die Frau und ihre Kinder ihres Herrn, und er soll alleine ausgehen."* Die Ehe wird geschieden. Wollte man sagen, die Ehe könnte ja aufrecht erhalten bleiben, wenn er sich in der Nähe des Wohnsitzes seines bisherigen Herrn niederließ, so sei auf die Alternativen hingewiesen: Entweder er sagt, er liebt die Frau, bleibt ihr treu, oder er liebt sie nicht so sehr wie seine Freiheit und lässt sie zurück. Der Wortlaut deutet auf eine Auflösung der Ehe hin.

Was ist aber der eigentliche Grund der Scheidung? Zur Zeit der Erlassung des Gesetzes ist Israel unterwegs zum verheißenen Land. Die Verhältnisse, die die vorhandene Regelung betrifft, entstehen erst in jenem Lande. Der besprochene Israelit weiß also im Voraus, was auf ihn zukommt, wenn er eine Mitsklavin zur Frau nimmt. Lässt er sie also zurück, wenn er in die Freiheit geht, so ist das, wie Jesus sagt, „Herzenshärtigkeit". Er verurteilt sich selbst mit seinem Handeln.

Das Evangelium verändert aber das Herz eines Menschen, sodass er entweder auf eine Ehe verzichtet oder aus Liebe zur Frau und seinem Herrn sich für immer in die Leibeigenschaft begibt. Im zweiten Fall folgt er in den Fußspuren unseres Herrn: Epheser 5,25; Philipper 2,5-8.

c. 2. Mose 21,7-11

„Und wenn jemand seine Tochter als eine leibeigene Magd verkauft, soll sie nicht [im Gegensatz zum eben besprochenen leibeigenen Knecht und zur in 5. Mose 15,12 erwähnten Magd] [nach sechsjährigem Dienst] *ausgehen, wie die leibeigenen Knechte ausgehen. 8 Wenn sie* [zu diesem Zeitpunkt, nach sechs Jahren?] *in den Augen ihres Herrn missfällt, der sie für sich* [zwecks Verehelichung] *bestimmt hatte, soll er sie* [von einem im hebräischen Volk] *loskaufen lassen. Er hat nicht das Recht, sie unter ein fremdes Volk zu verkaufen, nachdem er treulos an ihr gehandelt hat. 9 Und wenn er sie für seinen Sohn bestimmt hatte, soll er ihr tun nach dem Recht der Töchter. 10 Wenn er* [zusätzlich] *sich eine andere* [zwecks Verehelichung] *nimmt, soll er ihre* [die der erwähnten bereits erworbenen Magd] *Nahrung* [Fleisch und anderes], *ihre Bedeckung* [Obdach, Nachtbedeckung (vgl. 22,27) und Kleidung] *und ihre Beiwohnung* [von hebräischen Auslegern später so aufgefasst] *nicht entziehen. 11 Und wenn er ihr diese drei Dinge nicht tut, soll sie umsonst ausgehen, ohne Geld."*

Die Ausgangslage

Die Verse 2-11 bilden *einen* zusammenhängenden Text. Nach V. 2 geht es hier um die Freilassung von hebräischen Schuldsklaven im siebenten Jahr. In V. 7 haben wir einen in dürftigen Verhältnissen lebenden hebräischen Vater, der für seine Kinder auf eine freie, selbstständige Lebensstellung verzichten muss. Er verkauft seine Tochter, was zwar selten vorgekommen sein soll, an einen vermögenden Volksgenossen als leibeigene Magd, teils um mit dem Kaufpreis sich selbst etwas aufzuhelfen, teils um die Tochter unterzubringen. Angenommen wird im Text, dass eine Verehelichung damit verbunden ist. Der „Kaufpreis" dürfte dem gängigen Brautgeld entsprochen haben, der, in diesem Fall, an den Vater ging und nicht an die Braut, sodass sie den Status einer Leibeigenen bekam. Daher die erwähnten Schutzmaßnahmen zu ihren Gunsten.

Wenn es nun in V. 7 heißt: *„... soll sie nicht ausgehen, wie die leibeigenen Knechte ausgehen"*, haben wir es einerseits mit einem Fall zu tun, der dem vorigen ähnelt, und zwar darin, dass beide bereits sechs Jahre gedient haben. Da 5. Mose 15,12 von Hebräerinnen spricht, die sich selbst verkauft hatten und nach sechs Jahren genauso wie ihre männlichen Volksgenossen in die Freiheit entlassen werden, dürfte unser Fall sich von dem in den Versen 2-6 darin unterscheiden, dass hier die Leibeigene verehelicht wird.

Zwei Verbote

Nachdem die Tochter zwecks Verehelichung erworben war, darf sie, im Gegensatz zu den hebräischen Sklaven, ob männlich (V. 1-6) oder weiblich (5. Mose 15,12), die zwecks schlichtem Sklavendienst in die Leibeigenschaft gelangt waren, nicht nach sechs Dienstjahren in die Freiheit geschickt werden (V. 7). Immerhin ist sie jemandes Frau und so in gesicherten Verhältnissen gewesen. Ihr Herr hat auch „nicht das Recht, sie unter ein fremdes Volk zu verkaufen, nachdem er treulos an ihr gehandelt hat" (V. 8), d.h., sich von ihr als Ehefrau getrennt hat.

Alternative Vorschriften

- „Wenn sie in den Augen ihres Herrn, der sie für sich bestimmt hatte, missfällt, so soll er sie loskaufen lassen."

- „Und wenn er sie für seinen Sohn bestimmt hat, soll er ihr tun nach dem Recht der Töchter."

- „Wenn er [zusätzlich] sich eine andere [zwecks Verehelichung] nimmt, soll er ihre [die der erwähnten bereits erworbenen Magd] Nahrung [Fleisch und anderes], ihre Bedeckung [Obdach, Nachtbedeckung (vgl. 22,27) und Kleidung] und ihre Beiwohnung [von hebräischen Auslegern später so aufgefasst] nicht entziehen."

Ein Problem im Text

Wenn es im Hebräischen heißt: „Wenn er für ihn eine andere nimmt", so ist das dort zweideutig. Es könnte nämlich bedeuten: „für ihn (sich) selbst" oder „für den Sohn". Wenn aber unter dem, was der jungen Frau nicht zu entsagen ist, die „Beiwohnung" gemeint ist, wird wohl eher an den Vater als an den Sohn zu denken sein. (Dass das erst hier im Text erwähnt wird, stört nicht sonderlich.)

Begriffserklärungen

Das Wort für „Nahrung" ist „Fleisch". Es ist also an die Kost zu denken, die die Familie selbst genoss, nicht nur an das gerade noch ausreichende „Brot".

Die mehrfache „Bedeckung" kennt auch das NT (1. Timotheus 6,8). Hier schließt sie nicht nur Obdach und leichte Kleidung (im dortigen Klima) ein, sondern auch das festere Kleid (22,26), das bei Nacht zur Decke diente.

Das Wort für „Beiwohnung" ist „die Antwort bzw. Erwiderung", was an mehr als lieblosen Beischlaf denken lässt.

Betonung

Man beachte das dreimalige Pronomen „ihre“. Der Allmächtige setzt sich als Anwalt ein für die bedrohten Schwachen. „Und wenn er ihr diese drei Dinge nicht tut, soll sie umsonst ausgehen, ohne Geld.“ (V. 11)

Gelten die Verse 10.11 zusammengenommen heute als ein Grund für eine Ehescheidung? Die bejahende These ist vom Cambridgeprofessor Instone-Brewer vertreten worden. In einem Artikel in Christianity Today, in der Ausgabe Oktober 2007, fasste er seine Auffassung zusammen, nachdem er ein Buch darüber herausgebracht hatte. Wollten nun *wir* darüber Klarheit bekommen, so wäre es wichtig, einige Aspekte anzuschneiden:

In seinen Besprechungen des Themas Ehescheidung ist Jesus nie auf diesen Text eingegangen. In Matthäus 5 legte er aber zwei klare, die Sache definierenden Grundsätze dar; dabei ging er vom Gesetz Moses aus:

1) Der Ehebruch beginne bereits mit der inneren geschlechtlichen Lust (V. 27-30).

2) Bezug nehmend auf 5. Mose 24 erklärte er, nicht jeder Grund sei Anlass für eine Ehescheidung, der Ehebruch aber wohl.

In Matthäus 19 ging es in der Frage der Pharisäer um diesen bestimmten Text, zu dem der Herr Stellung nehmen sollte. Jesus antwortete, die dort gestattete Entlassung des Ehepartners wäre „wegen eurer Herzenshärtigkeit“ gekommen. Am Anfang sei es nicht so gewesen. Diesen Anfang stellte er dann wieder auf das Podest.

Im Blick auf Matthäus 5 nun könnte der Fall in 2. Mose 21 als Grund zur Auflösung eines Eheverhältnisses aufgehoben sein. Im Blick auf Matthäus 19 könnte er unter das Urteil „Herzenshärtigkeit“ kommen, welchen Grund er jedoch mit dem Hinweis auf den „Anfang“ ebenfalls aufhob.

Für Paulus bestand kein Anlass, auf einen Fall, wie ihn 2. Mose 21 schildert, einzugehen. Allerdings könnte man versucht sein, ihn in die

Besprechung von 1. Korinther 7 unterzubringen. Paulus stellt dem Ungläubigen nämlich nichts in den Weg, wenn ein solcher darauf besteht, seine an Christus gläubige Frau zu verlassen, sich also von ihr zu scheiden. Wenn nun ein Christ seine Frau vernachlässigt und ihr die nötigen Lebensmittel und den Lebensschutz wie auch das Beiwohnen (1. Korinther 7,3) versagt, wäre er, mit den Worten des Apostels, „schlimmer als ein Heide" (1. Timotheus 5,8) und so dem Ungläubigen gleich, der nicht mehr mit einer christlichen Frau leben will.

Verlieren wir aber nicht aus dem Auge: Erstens sind die Anordnungen im Text 2. Mose nicht an die Frau gerichtet, als dürfe sie nun eine Initiative ergreifen, sondern an den Mann, der an seine Pflichten erinnert wird. Zweitens macht der Apostel klar, dass er nur einen Fall bespricht, der sich mit der Verkündigung des Evangeliums, d.h. der neuen Heilszeit ergibt. Zu dem, was das Volk Gottes unter dem Gesetz betraf, hatte der Herr Jesus bereits gesprochen. Und das war genug.

Was soll nun aber eine Frau tun, die von ihrem Mann auf Leben bedrohende Weise vernachlässigt oder gar misshandelt wird? Das Wort Gottes räumt ein, dass Möglichkeiten zur Flucht vor Gefahr wahrgenommen werden können. Für eine befristete Zeit dürfte eine solche Frau also, wenn die Möglichkeit da ist, ausweichen. Aber auch hier wollen wir nicht vergessen: Jeder, der in Not gerät, darf den allmächtigen Anwalt anrufen, der übermenschliche Rettungswege kennt. Christen sollten ebenfalls ein offenes Auge für Leidende haben, um nach Möglichkeit unter die Arme zu greifen, nicht aber um allzu menschlichen, Kreuz umgehenden Rat zu geben.

Zeitgeschichtliche Verträge

Wenn nun in jüdische wie in römische Heiratsverträge Provisionen wie die in 2. Mose 21,10 aufgenommen wurden, war das für weltliches Recht genauso in Ordnung wie hier im alttestamentlichen Recht Israels. Treffend hält Dächsel (a.a.O., zur Stelle) jedoch fest:

„Man darf bei dergleichen und anderen Bestimmungen des durch Mose gegebenen Gesetzes den Standpunkt der alttestamentlichen Gemeinde nicht mit dem der neutestamentlichen verwechseln ... Das alte Testament hat noch die alte, unwiedergeborene Natur des Menschen vor sich; es kann dieselbe nicht umgestalten und eine neue Creatur an die Stelle setzen; es kann sie nur in Schranken halten, in Zucht nehmen und von außen mit dem heiligen Einfluß des Geistes Gottes umgeben."

Bedenken wir: Das Wort Hesekiels in 36,26.27 war eine Verheißung auf die Zeit des Evangeliums:

„Und ich werde euch ein neues Herz geben, und einen neuen Geist gebe ich in euer Inneres, und ich werde das Herz von Stein aus eurem Fleisch auf die Seite tun, und ich werde euch ein Herz von Fleisch geben. Und meinen Geist gebe ich in euer Inneres. Ich werde dieses tun, damit ihr in meinen Satzungen wandelt und meine Rechte wahrt und sie tun werdet."

d. Der Fall der Gefahr

Darf man sich von einem gefährdenden Partner scheiden? Scheiden nicht, aber die Schrift kennt, wie bereits erwähnt, die Flucht vor der Gefahr: Sprüche 22,3: *„Der Kluge sieht das Unglück und verbirgt sich."* Das Wort kommt sogar zweimal im Buch vor. Von einer „Trennung" in diesem Fall zu sprechen, scheint nicht angebracht zu sein, auch sollte die Gefahr länger andauern, da es zu schnell zu Missverständnissen führen kann: Der Gedanke der Trennung wird zu leicht in die Nähe des Scheidens gebracht. Die Hoffnung auf eine Rückkehr sollte ernsthaft erfleht und nie aufgegeben werden.

e. Fazit

Es bleibt also dabei: „Bist du an eine Frau gebunden worden [und immer noch an sie gebunden]? Suche nicht, gelöst zu werden." (1. Korinther 7,27A)

Nach allem diesem Gesagten sollte nicht vergessen werden: Keine Scheidung wird empfohlen. Eine Wiederheirat wird, wenn nicht verboten, ebenfalls nicht empfohlen. Das mahnt zu tiefer Beugung und zur vollen Abhängigkeit von der Führung Gottes.

E. Exkurs: Was wird in 1. Korinther 5 vom Unzüchtigen verlangt?

Die Verse 1-5: *„Überhaupt hört man von Unzucht unter euch – und solcher Unzucht, die nicht einmal unter denen, die von den Völkern sind, genannt wird, dass nämlich jemand des Vaters Frau habe. 2 Und ihr seid aufgebläht und trauertet nicht vielmehr, damit der, der diese Tat beging, aus eurer Mitte entfernt würde; 3 denn ich meinerseits, als abwesend im Leibe aber gegenwärtig im Geist, habe bereits als gegenwärtig das Urteil über den, der auf solche Weise dieses ausübte, gefällt: 4 im Namen unseres Herrn, Jesu Christi, wenn ihr und mein Geist zusammengekommen sind, zusammen mit der Kraft unseres Herrn, Jesu Christi, 5 den Betreffenden dem Satan zu übergeben zum Verderben des Fleisches, damit der Geist am Tage des Herrn Jesus gerettet werde."*

Was die Gemeinde zu tun hat, wird wiederholt zum Ausdruck gebracht. Was jedoch der Betreffende zu tun hat, wird nur an einer Stelle, in V. 5, in einer Andeutung erwähnt. Was ist es, das Paulus von ihm erwartet? Um diese Frage beantworten zu können, haben wir uns die zwei, die sich vergangen haben, etwas näher anzusehen.

1. Wer ist die Frau?

Offenbar ist sie nicht die Mutter des Unzüchtigen. Sonst wäre sie wohl als solche gekennzeichnet worden, denn das hätte seine Sünde noch gräulicher gemacht. Sie ist wahrscheinlich nicht eine Christin, denn sie wird, obwohl mitschuldig am Vergehen, nicht vom Apostel zur Rechenschaft gezogen. Sie ist wohl die Frau eines lebenden Mannes, denn sonst hätten die Frau und der Getadelte wohl heiraten können. Das erschütternde an der Angelegenheit scheint das zu sein, dass die Unzucht stattfindet, *während* der Vater und eigentliche Mann noch lebt.

2. Wer ist der Unzüchtige?

Er gilt noch als Christ, vollzieht sein Handeln also in Unwissenheit, wie es auch andere in der Gemeinde tun, und sie dulden das Vorgehen dieses Mannes. Er ist einer, vom dem gesagt wird, er „*habe*" die Frau. Das müsste nicht schon von einer Ehe sprechen, denn sie wird als die Frau des Vaters bezeichnet, welcher anscheinend noch lebt. Sonst hätten wir erwartet, dass Paulus gesagt hätte, sie wäre seine Frau *gewesen*. Wenn also der Sohn sie nun „hat", leben die zwei zusammen.

Auch das Wort „*porneia*" lässt uns eher nicht an eine Ehe denken. Wäre der Vater tot und wären die zwei verheiratet, so wäre es schlimm genug, aber nicht als Unzucht zu bezeichnen. Und wären die zwei verheiratet, würde Paulus im Brief geradezu eine Ehescheidung verlangen, was jedoch nicht aus dem Text hervorgeht.

3. Was erwartet Paulus nun vom Betroffenen?

Das ist in V. 5 angedeutet: „... damit der Geist am Tage des Herrn Jesus gerettet werde." Dazu bedarf es aber der Buße. Und diese ist offenbar auch – nach Ankunft des Briefes in Korinth – eingetreten, denn wenn 2. Korinther 5 vom selben Fall spricht (was wahrscheinlich ist, wenn wir nicht zusätzliches Schreiben an die Gemeinde annehmen – wozu in den Texten kein notwendiger Anlass ist – als die zwei, die uns erhalten sind), so hat die vom Apostel und von der Gemeinde vollzogene Zucht Erfolg gehabt. D.h.: Er wird die unzüchtige Beziehung abgebrochen haben, wird sich von der Frau getrennt haben, um sie wieder seinem Vater zu überlassen. Dieses wird es dann sein, was er in 1. Korinther 5 vom Unzüchtigen verlangt.

Über die Beziehungen solcher, deren Ehe aufgelöst wurde

I. Verwandtschaftsbeziehungen

Mit der Auflösung einer Ehe fallen auch Verwandtschaftsbeziehungen, die durch die Eheschließung entstanden waren, weg. Leben z.B. die Eltern einer verstorbenen Frau noch, so sind sie nicht mehr die Schwiegereltern des überlebenden Mannes. Sie sind aber die Großeltern seiner Kinder. Das Gleiche gilt im Falle einer wegen Scheidung gestorbenen Ehe.

Das heißt jedoch keineswegs, dass damit Freundschaftsbeziehungen unterbrochen werden müssen. Die gemeinsame Liebe zum Verstorbenen verbindet weiterhin. Sowohl die Wirklichkeit des Todes einerseits als auch die Wirklichkeit menschlicher Beziehungen andererseits sollten erkannt und anerkannt werden.

II. Die Beziehung zur Gemeinde Gottes

Vergebung macht Sünde ungeschehen. Diejenigen, welche mit ihrer Schuld zu Jesus kommen, sind nicht mehr Ehebrecher usw.:

1. Korinther 6,9-11: „Oder wisst ihr nicht, dass Ungerechte das Königreich Gottes nicht erben werden? Werdet nicht irregeleitet! Weder Unzüchtige noch Götzendiener noch Ehebrecher ... werden das Königreich Gottes erben. 11 Und dieses waren etliche von euch. Ihr wurdet jedoch gewaschen! Ihr wurdet jedoch geheiligt! Ihr wurdet jedoch gerechtfertigt! – in dem Namen des Herrn Jesus und in dem Geist unseres Gottes."

Christen werden angehalten, einander so anzunehmen, wie unser Herr uns alle angenommen hat (Römer 15,7): *„Nehmt einander zu euch, sowie auch Christus uns zu sich nahm zu Gottes Verherrlichung."*

III. Die Beziehung eines Geschiedenen zum früheren, nun anderweitig verheirateten Partner

Benjamin Ewert aus Neuwied-Gladbach berichtete folgenden Fall.

„Im Mai 2000 waren wir mit einer Gruppe von Brüdern und Schwestern in Usbekistan zu einem Evangelisationseinsatz. In einer der Gemeinden erzählte uns eine alte Schwester folgende Geschichte:

Vor seiner kürzlichen Bekehrung hatte ihr Sohn sehr getrunken. Seine Ehefrau konnte das nicht mehr ertragen; sie stritten sich oft. Dann ging ihr Mann weg zu einer anderen Frau. Nach ca. zwei Jahren kam er wieder zurück. Sie versöhnten sich. Aber nach kurzer Zeit fing er wieder an zu trinken und verließ seine Ehefrau ein zweites Mal. [Vermutlich wurde die Ehe nun amtlich geschieden. (H.J.)] Er ging wieder zu seiner Geliebten. Dieses Mal heirateten sie, und sie leben seitdem zusammen.

Dann kam der Tag, da sie sich bekehrten. Als seine erste Ehefrau (mit zwei gemeinsamen Kindern, ca. 11 und 13 Jahre alt) erfuhr, dass er aufgehört hatte zu trinken, flehte sie ihn an, er solle doch bitte zurückkommen zu seiner Familie, da sie ihn immer noch sehr liebe. Aber er wollte nicht, da er ja mit seiner zweiten Ehefrau rechtmäßig verheiratet war.

Als wir nun dort waren und in einem großen Saal einen evangelistischen Gottesdienst durchführten, hat diese ältere Schwester, die Mutter dieses Mannes, ihre „Schwiegertochter", die erste Ehefrau ihres Sohnes, zu dieser Versammlung eingeladen. Sie kam tatsächlich und brachte auch ihre zwei Kinder mit. Nun saßen sie alle (Mutter, „Schwiegertochter" und Enkel) im Saal und hörten zu. Als dann die jetzige, zweite Ehefrau ihres Sohnes auf die Bühne kam und ein Gedicht vortrug, knirschte die im Saal sitzende erste Ehefrau mit ihren Zähnen, da sie ihren Ehemann immer noch liebte und ihn zurückhaben wollte.

Davon will die zweite Ehefrau nichts wissen. Sie ist doch rechtmäßig verheiratet, liebt ihren Mann und sieht keinen Grund zur Scheidung. Die Mutter des Mannes besteht darauf, dass er zu seiner ersten Ehefrau (sie hat sich noch nicht bekehrt) zurückkommen muss. Er will und kann es aber nicht, hat große Kämpfe und weiß nicht, was er nun tun soll. Die Brüder der Gemeinde haben auch Schwierigkeiten damit."

Gerade weil Eheleute eins werden, gehören Eheprobleme zu den traurigsten und schwierigsten. Mit jedem in dieser Affäre Beteiligten kann man mitfühlen. Wenn es aber um das Recht geht, dürfen Gefühle nicht bestimmen.

Man muss hier unterscheiden zwischen dem, was recht *war*, und dem, was recht *ist*. Ein anderes Beispiel kann helfen. Ein Christ heiratet einen Nichtchristen. Das ist nicht recht. Soll die Ehe deshalb aufgelöst werden? Nein. Jetzt, wo sie verheiratet sind, sind sie *ein* Fleisch, und das „soll der Mensch nicht scheiden".

Im vorliegenden Fall war es verkehrt, die erste Frau zu verlassen. Nun aber die zweite Ehe geschlossen ist, muss sie als Ehe anerkannt werden. Die größte Sorge der ersten Ehefrau ist nicht ihr irdisches Glück, sondern ihr ewiges.

Selbst in 5. Mose 24, wo eine Frau zu Unrecht entlassen wurde, wird die zweite Ehe, die sie eingeht, anerkannt. Erst wenn diese aufgelöst ist, entsteht die Frage der erneuten Verbindung mit dem ersten Mann (die jedoch in Israel verboten war).

Von einer neuen Eheschließung (Wiederheirat)

I. Mit dem „eigenen" Ehepartner

A. Wenn man zu Unrecht geschieden war

Eine Versöhnung mit dem bisherigen Ehepartner ist in diesem Fall nur zu begrüßen. Wollen die zu Unrecht Geschiedenen wieder zusammenleben, wird eine neue staatliche Eheschließung in dem Fall erforderlich sein.

B. Wenn man zu Recht geschieden war

Unter dem Gesetz war eine solche Wiederheirat untersagt (5. Mose 24,1-4), wenn die verstoßene Frau von einem anderen geheiratet war. Im neuen Bund, wo das verheißene und tiefgreifende Heil gekommen ist, dürfte Gottes eigenes Handeln in Jeremia 3,1 ein Beispiel sein, dem der in Christus – und somit in Gott – Lebende wohl folgen könnte. Unbußfertige stehen aber unter dem Gesetz (1. Timotheus 1,9), das eine Rückkehr zum früheren Partner verbietet.

War der Grund für die Ehescheidung eine außereheliche Geschlechtsverbindung und folgte auf die Scheidung keine Eheschließung mit einem Dritten, so scheint einer Wiederheirat weniger im Wege zu stehen, wenn beide aufrichtige Buße getan haben.

Im Falle des „vorsätzlichen Verstoßens" kommt eine Wiederheirat der Geschiedenen mit einander nur in Frage, wenn der Ungläubige echter Christ geworden ist. Angenommen ist, dass kein anderweitiger Geschlechtsverkehr stattgefunden hat.

II. Von einer neuen Eheschließung mit einem anderen Partner

A. Wenn der Ehepartner gestorben ist

In diesem Fall ist der Überlebende frei, wieder zu heiraten: Römer 7,1-3; 1. Korinther 7,39. Auch ein Ältester, der seine Frau verloren hat, darf wieder heiraten. „Mann nur einer Frau" (1. Timotheus 3,2; Titus 1,6) ist nicht als Schranke zu betrachten, denn die Verstorbene ist nicht mehr seine Frau. In diesem Zusammenhang sollte wohl der tragische Fall des Verschellens zur Sprache kommen. Aus sehr verschiedenen Gründen kann ein Ehepartner einfach verschwinden. Ohne genügend Grund anzunehmen, dass er aus diesem Leben geschieden ist, sollte man nicht an eine Neuvermählung denken. Alleine zu bleiben, ist nicht das schlimmste Los im Leben. Das müssen viele. Und unser Gott hat besonderes Erbarmen für solche. Auch für sie reicht seine Gnade aus.

B. Wenn man geschieden wurde, aber nicht mit biblischem Recht

Will man wieder heiraten, kommt nur eine Versöhnung mit dem bisherigen Ehepartner in Frage. Verboten wird die Wiederheirat mit einem anderen, während eine gültige Ehe besteht, aber eben: weil noch kein geschlechtlicher Bruch der Ehe vorliegt. Mit einer Wiederheirat mit einem Dritten geschieht in diesem Fall erst dieser Bruch.

In 1. Korinther 7,10.11 haben wir einen Fall, in dem eine Wiederheirat ausdrücklich verboten wird. An wen wird dieses Wort gerichtet? Nach Kapitel 1,2 ist der Brief an Christen geschrieben. Nach 7,10 sind die dort Angesprochenen Verheiratete. Nach V. 12 sind sie von „den anderen", von verheirateten Christen mit ungläubigen Ehepartnern, zu unterscheiden. Wir haben es also mit Ehen zu tun, in denen beide Kinder Gottes sind.

Welche Kraft hat der Begriff „trennen" in diesem Fall? Zwei Hinweise lassen uns an eine staatliche Scheidung denken. Erstens beruft sich Paulus auf Jesus. Dieser hatte von einer vor Gott unrechtmäßigen Scheidung gesprochen, wohl einer staatlichen. Zweitens beschreibt er den Getrennten als „unverheiratet". Diese Kennzeichnung wird jedoch in qualifiziertem Sinne aufzufassen sein, da es sich um eine verbotene Scheidung handelt.

Der Apostel hält hier Jesu allzeit gültiges Wort aufrecht, wenn er das Urteil spricht: Er darf keinen anderen als seinen bisherigen Partner heiraten. Wenn kein Ehebruch auf Seiten des anderen vorliegt, hat er zwischen zwei Alternativen zu wählen: Er hat sich mit seinem Partner zu versöhnen, was vorzuziehen ist, oder er hat unverheiratet zu bleiben.

Wie der leidende Teil sich verhalten soll, wird nicht gesagt. Da aber eine Versöhnung in Aussicht gestellt wird, ist vorausgesetzt, dass er ebenfalls nicht eine Ehe mit einem anderen Partner eingeht. Allerdings wird eine mögliche Entwicklung dieses Falls weiter unten besprochen.

C. Wenn eine Ehe durch Ehebruch und Scheidung aufgelöst wurde

In den Stellen in Matthäus 5; 19; Markus 10 und Lukas 16 äußert sich Jesus zur Frage der Ehescheidung. Er beantwortet die Frage: Was ist eigentlich Ehescheidung? Das Thema Wiederheirat ist nicht unmittelbar im Blickfeld. Es wird jedoch erwähnt im Verlauf der Klärung der Scheidungsfrage.

In keinem Fall spricht Jesus ausdrücklich von Wiederheirat nach gestatteter Ehescheidung; er verbietet sie also nicht. In sämtlichen Evangelientexten geht es darum, dass der, der nach unrechtmäßiger Ehescheidung heiratet, dazu beiträgt, dass die bisherige Ehe auseinandergeht, und dazu tragen beide Partner der zweiten Heirat bei. In solchen Fällen geschieht zweierlei: gesetzliche Scheidung ohne geschlechtliches Vergehen (*porneia*, manchmal als „Unzucht" bezeichnet) und neue Eheschließung mit erstmaligem Beischlaf außerhalb der bisherigen Ehe. Auch in Lukas 16 geht es darum.

Wenn, nach Jesus, wie Matthäus berichtet, eine Ehe vor Gott geschieden werden kann, und zwar wegen Unzucht, dann bricht eine weitere Eheschließung nicht mehr die erste Ehe, denn diese besteht nicht mehr.

Jesus nimmt Wiederheirat nach Ehescheidung sogar als selbstverständlich an. Wenn eine Frau zu Unrecht entlassen wurde, setzt er voraus, dass sie wieder heiratet. Wenn sie es nicht tun darf, so sagt er, dann nur darum, weil ihre erste Ehe immer noch besteht, weil sie vor Gott noch nicht geschieden war, auch wenn sie es nach dem Landesgesetz war. Er klärt sie auf über die Voraussetzungen zu rechtmäßiger Wiederheirat. Nachdem sie Jesus über dieses Thema gehört hat, wird sie die Entlassung (wenn bei keinem der beiden geschlechtliches Vergehen vorlag) nicht als etwas Endgültiges annehmen und auf Versöhnung hoffen.

Der Herr rügt also nicht die Wiederheirat als solche, sondern allein die Tatsache, dass jemand vorher nicht rechtmäßig vor Gott geschieden war, weil keine Unzucht vorlag.

Da Markus und Lukas nicht den Fall der Unzucht besprechen, dürfen sie auch nicht angeführt werden, wenn über diesen Ausnahmefall gesprochen wird.

Ein erheblicher Teil der Christenheit wehrt sich jedoch gegen den Gedanken einer Wiederheirat. Die Gründe sind verschieden. Viele wollen einfach einen sittlichen „Dammbruch“ verhüten. In diesem Vorhaben sind sich aber wohl *alle* ernsten Christen einig. Keiner will einen sittlichen Verfall. Manche wiederum haben die biblischen Texte nicht zur Genüge durchdacht, was auch nicht so einfach ist. Jeder, auch der Gelehrteste, kann sich gründlich irren. Da ist viel Gelegenheit zu gegenseitiger Ermahnung.

Aus der Erfahrung kann ich von einem weiteren Grund sprechen: Man kann noch so gründlich am biblischen Text gearbeitet haben, aber noch nicht die Konsequenzen seiner Ergebnisse im Lichte des Schriftzusammenhanges durchdacht haben. Jeder von uns kann also immer noch hinzulernen.

Im vorliegenden Fall ist zu fragen: Ist man sich im Klaren, was es heißt, verheiratet zu sein, und was es heißt, wenn eine Ehe aufgelöst ist? Man sagt, Jesus würde eine Ehescheidung nach begangenem Ehebruch gestatten, nicht aber eine darauffolgende Wiederheirat mit einem anderen, weil man im Grunde immer noch verheiratet sei. Keiner weiß nun aber besser als Jesus, was Ehe ist, denn er schuf den Menschen und die Ehe. Und *er* sagte:

„Habt ihr nicht gelesen, dass der, der sie machte, sie von Anfang einen Männlichen und eine Weibliche machte und sagte: ‚Deswegen wird ein Mensch den Vater und die Mutter verlassen und an seine Frau gefügt werden, und es werden die Zwei zu einem Fleisch sein’? So sind sie nicht mehr zwei, sondern ein Fleisch. Was also Gott zusammenjochte ...“ (Matthäus 19,4-6)

Das ist Ehe. - Wenn man nun das andere Wort Jesu stehen lässt: Im Falle eines geschlechtlichen Vergehens dürfe die Ehe geschieden werden, zur gleichen Zeit aber meint, die Ehe bestehe nach wie vor, so heißt das, dass man sein eigenes Fleisch von sich tun darf, die, mit der man eins ist, entlassen und auf die Seite setzen!

Im Gegensatz hierzu nimmt Jesus den Geschlechtsverkehr äußerst ernst, *jeden*, und gibt zu verstehen, dass mit einem Fremdgehen ein neues Einssein entstanden ist, eines, das im Gegensatz steht zu dem vorigen. Die darauf folgende formale Scheidung nimmt einfach diese Tatsache ernst, lässt sie stehen. Auch Paulus wertet die Geschlechtsverbindung hoch ein, wenn er an die Korinther schreibt (1. Korinther 6,16): *„Oder wisst ihr nicht, dass der, der mit einer Unzüchtigen vereinigt wird, ein Leib [mit ihr] ist? – denn ‚es werden', sagt er, ‚die zwei zu einem Fleisch'."* Paulus nimmt hier das biblische Wort über die Eheschließung und wendet es auf den Ehebruch an!

Unser Herr offenbart für uns die eminente Bedeutung der leiblichen Vereinigung: Auf der einen Seite, weil sie so ernst zu nehmen ist, ist es so furchtbar, wenn ein Mann seine Frau ohne Grund entlässt und in die Arme eines anderen schickt. Auf der anderen Seite ebenfalls: *Weil* die leibliche Vereinigung so bedeutsam ist, tötet ein außereheliches Vergehen die bestehende Ehe. Man denke auch an 5. Mose 24,4:

„... so darf sie ihr erster Mann, der sie entließ, nicht wiederum nehmen, dass sie seine Frau sei, nachdem sie verunreinigt worden ist, denn das ist ein Gräuel vor dem HErrn, und du sollst nicht das Land sündigen machen, das der HErr, dein Gott, dir als ein Erbe gibt."

Jeremia 3,1 spricht sogar von einer „schweren Verunreinigung".

Es ist gerade dieser gravierende Charakter des Ehebruchs, der zur Auflösung der Ehe führt. Wenn nun ein solcher Bruch als eine vollständige Auflösung der Ehe aufgefasst wird, geschieht hier (in unserer Betrachtung), im Gegensatz zu einem Dammbruch, ein Aufrichten einer großen roten Fahne *vor* der Katastrophe.

Darf man 1. Korinther 7,11 gegen den Gedanken an eine Wiederheirat anführen?

Das wäre in der Tat gefährlich, denn so brächte man Paulus in Widerspruch zu Jesus. Unser Herr gestattet in dem Fall, den er bespricht, die Ehescheidung; der Apostel dagegen verbietet nicht nur die Wiederheirat mit einem anderen im Fall, dass ein Ehepartner den anderen verlassen hatte, sondern gestattet *keinerlei* Trennung. Die Anordnungen sind verschieden, weil die Fälle verschieden sind. Es darf nicht zuerst eine Ehescheidung gestattet und dann, um das Verbot einer Wiederheirat aufrechtzuerhalten, auf 1. Korinther 7,11 Berufung genommen werden.

Nicht nur ist der *Fall* in 1. Korinther 7 ein anderer, auch das *Vokabular*. Hier geht es um ein Verlassen, erstens, wenn beide gläubig sind, zweitens, wenn *einer* ungläubig ist. Jesus aber spricht von einem Wegtun, einem *Ent*lassen, was die Schwere einer außerehelichen Geschlechtsverbindung unterstreicht. *Weil* sie eine so wichtige Angelegenheit ist, sollte man einen Ehepartner nicht entlassen und somit veranlassen, dass dieser sich einem anderen zuwendet. Und *weil* sie als Unzuchtssünde so gravierend ist, kann sie Grund zur gänzlichen Auflösung einer Ehe sein.

Darf man mit einer Berufung auf Römer 7,1-3 einwenden? Nicht, wenn man den Zusammenhang nicht vergessen und die Stelle nicht in Kollision mit Paulus selbst in 1. Korinther 7 sowie mit Jesus in Matthäus 19 bringen will.

D. Nach „vorsätzlichem Verlassen"

Darf jemand einen anderen als den früheren Ehepartner heiraten, wenn letzterer ihn, aus welchen Gründen immer auch, vorsätzlich verlassen hatte und die Ehe geschieden wurde?

Weder Jesus noch Paulus verbietet einem rechtmäßig Geschiedenen die Wiederheirat. Paulus sagt sogar: Sie sündigen nicht, wenn sie heiraten: 1. Korinther 7,27.28. Die Frage ist immer – und daher der obige Aufwand:

Ist die Ehe in Wirklichkeit aufgelöst? Da dieses vom Fall in 1. Korinther 7,12-15 gesagt werden muss, ist die Antwort klar. Der vom Ungläubigen verlassene Christ ist vor Gott ein Lediger.

Es fällt auf, dass dem Gläubigen, der sich von seinem gläubigen Ehepartner trennt, verboten wird, sich anderweitig zu verheiraten. Dem Gläubigen, dessen ungläubiger Partner ihn verlässt, wird dagegen nichts in den Weg gelegt.

An dieser Stelle meldet sich eine Frage zu einem Fall, der mit diesem starke Ähnlichkeit hat: Wie verhält sich ein Christ, dessen Ehepartner vorgibt, ebenfalls Christ zu sein, ihn aber im Stich lässt und sich auch getrennt hält, nicht aber mit einem anderen Geschlechtsverkehr hat?

Folgende Überlegungen dürfen bedacht werden:

1) Da ein solcher über längere Zeit sein Ehegelöbnis bricht und unbußfertig bleibt, verdient er die Bezeichnung Lügner, dessen Los in der Offenbarung 21,8 beschrieben wird.

2) Da einer, der seinen Ehepartner vorsätzlich verlässt und wegbleibt, sich an der Hauptforderung Gottes, der Liebe, schuldig macht, muss das Wort Gottes, durch den Apostel Johannes gegeben, bei ihm angewendet werden:

„Jeder aus Gott Geborene lebt nicht in Sünde, weil sein Same in ihm bleibt; und er kann nicht (im fortwährenden Sinne) *sündigen, weil er aus Gott geboren worden ist. An diesem sind offenbar die Kinder Gottes und die Kinder des Teufels. Jeder, der nicht Gerechtigkeit tut* (im fortwährenden Sinne)*, ist nicht aus Gott und wer nicht seinen Bruder* (im fortwährenden Sinne) *liebt." (1. Johannes 3,9.10)*

3) Da ein solcher also als Nichtchrist zu bezeichnen ist, dürfte 1. Korinther 7,12-16 hier zur Anwendung kommen.

Schlusswort

Wer nach dem Tode eines Ehepartners bzw. nach einer Scheidung, die seine Ehe auflöste, an eine neue eheliche Verbindung denkt, sollte einiges bewegen:

Ein Gläubiger, der heiraten will, muss an einen Partner denken, der Christ ist. Die Schrift sagt, es ist nicht gestattet, sich mit einem Ungläubigen zu vermählen.

2. Korinther 6,14: „Werdet nicht mit Ungläubigen ungleich gespannt [oder: tretet nicht in ein Joch mit Ungläubigen], *denn was haben Gerechtigkeit und Gesetzwidrigkeit gemeinsam? Welche Gemeinschaft kennt Licht in Richtung Finsternis?"*

Dieses Wort gilt grundsätzlich, vor allem aber für die Ehe, weil sie das engste Joch des Lebens ist.

Wenn eine Witwe wieder heiraten will, sagt Paulus, darf es „nur im Herrn" geschehen (1. Korinther 7,39).

Gott möchte grundsätzlich bestimmen, wer heiratet und wer nicht. Der Apostel Paulus teilt mit (1. Korinther 7,7M): *„Jeder hat eine eigene Gnadengabe von Gott, der eine so, der andere so."*

Was die Geschlechtlichkeit und Ehe betrifft, bekommt jeder seine Gnadengabe vom Herrn. Die Gnadengabe betrifft aber nur Christen, nicht Unbekehrte. Wer gläubig wird, dem gibt Gott die Gnade, als Lediger Gott zur Verherrlichung da zu sein, dem Verheirateten die übernatürliche Fähigkeit, als Verheirateter nun zum Lobe Gottes zu leben.

Mit dem ersten Kommen Christi in die Welt wird die Ehe für seine Nachfolger nicht mehr eine Selbstverständlichkeit, sondern eine besondere Führung und Gabe. Jesus selbst sagt, es gebe den Fall, dass Menschen erwählen, alleine zu leben und nicht zu heiraten. Diesen neuen Stand führt er ein, weil er das Ende der Welt bringt. Es geht jetzt Richtung neue Welt, und in jener wird nicht geheiratet.

Und so, wie die Gnadengabe der Ehelosigkeit in eine Gnadengabe der

Ehe verwandelt werden kann, so kann auch die Gnadengabe der Ehe in eine Gnadengabe der Ehelosigkeit verwandelt werden. Das ist ein Trost für Witwer und Witwen. Gott nimmt weg, schenkt aber zu gleicher Zeit himmlische, übernatürliche Kraft, um ganz neu anzufangen, dem Herrn zu Lobe an dieser Stelle zu dienen.

Bei dem Gedanken an eine neue Verbindung ist allerdings Geduld geboten. Wenn Paulus in 1. Korinther 7 die Bedingung hinzufügt: „und hält sich getrennt“[1], so könnte das aus zwei Gründen geschehen: a) Es soll Klarheit herrschen über die Entscheidung des ungläubigen Partners; b) es soll ihm eine Möglichkeit eingeräumt werden, seine Meinung zu ändern.

Wie lange man bis zu einer weiteren Vermählung warten sollte, wird nie gesagt. Der ernste Christ wird sich aber Zeit nehmen, seine Vergangenheit sowie seine Zukunft vor dem Herrn reichlich zu überdenken. Eine schriftgemäße Richtlinie wäre m.E.: solange warten, wie man normalerweise wartet, wenn der Ehepartner verscheidet.

Niemand sollte von vornherein annehmen, er werde heiraten. Andererseits sollte niemand sich unter Druck fühlen und denken, er müsse unbedingt heiraten. Den Korinthern sagt Paulus (1. Korinther 7,8):

„Ich sage aber zu den Unverheirateten und den Witwen: Es ist für sie gut, wenn sie bleiben wie auch ich.“ Das gilt auch für rechtmäßig Geschiedene. Man vgl. auch V. 27M:

„Bist du von einer Frau gelöst worden? Suche nicht eine Frau.“ D.h., unternimm nichts von dir selbst aus. Werde still vor dem Herrn und lass dich ganz von ihm bestimmen.

---

[1] Zur Formulierung "trennt ‹und sich getrennt hält›, trenne er sich ‹und halte sich getrennt›": Die griechische Gegenwartsform des Zeitwortes (vor allem im zweiten Fall, wo es sich um eine Befehlsform im Präsens handelt) erfordert eine solche Übersetzung, denn es handelt sich um eine länger andauernde Handlung.

Ehescheidung und Wiederheirat aus systematischer Sicht

Von Dr. Jürgen Kuberski, Korntal (Deutschland)

A. Überblick

Die Ehe ist ein Bund zwischen Mann und Frau, der vor Gott geschlossen wird und gegenseitige Rechte und Pflichten beinhaltet. Wenn ein Ehepartner den Ehebund schwer verletzt, hat der andere daher die Möglichkeit, diesen Bund öffentlich durch die Scheidung aufzulösen. In 5. Mose 24,1-4 wird die Ehescheidung geregelt und gebilligt, wobei als legitimer Scheidungsgrund sexuelle Vergehen genannt werden. Die Propheten bestätigen dies, indem sie sich auf diese Stelle beziehen und Ehebruch als Scheidungsgrund anerkennen. Bei Esra und Nehemia wurden illegitime Ehen (mit Kanaaniterinnen) rechtmäßig geschieden.

Jesus wendet sich gegen die laxe Scheidungspraxis seiner Zeit, in der Ehen aus nichtigen Gründen geschieden wurden, und betont, dass dies letztlich Ehebruch bedeutet. Als Ausnahmen, aufgrund derer Scheidung und Wiederheirat möglich sind, nennt Jesus Scheidungen wegen Unzucht – also wegen verschiedener sexueller Vergehen (Matthäus 5,32). Diese bewirken den Bruch des Ehebundes, so dass Scheidung und Wiederheirat möglich werden. Zwar betont Jesus die «Schöpfungsordnung» Gottes einer lebenslangen Ehe, aber er billigt auch die «Notordnung» Gottes von Scheidung und Wiederheirat. Dabei liefert Jesus eine sehr genaue Auslegung von 5. Mose 24,1-4.

Auch Stellen, in denen Jesus keine Ausnahmen nennt und scheinbar kategorisch Scheidung und Wiederheirat ablehnt, können diesen Befund nicht umstoßen. Paulus lehnt nur scheinbar jede Scheidung und Wiederheirat ab (Römer 7,2-3), letztlich setzt er voraus, dass es legitime Scheidungsgründe gibt. Einer davon ist für ihn der Wunsch des ungläubigen Partners, die Ehe aufzulösen (1. Korinther 7,15).

Am Schluss dieses Aufsatzes steht ein kurzer Überblick über die Haltung der Christen zur Frage von Scheidung und Wiederheirat im Laufe der Jahrhunderte.

B. Die Ehe ist ein von Gott eingesetzter «Bund»

Wenn man die Themen Ehescheidung und Wiederheirat angeht, sollte man sich zuvor mit der eigentlichen Bestimmung der Ehe beschäftigen. Gott schuf die ersten Menschen als Mann und Frau und führte sie zusammen. Dabei heißt es (1. Mose 2,24): *«Darum wird ein Mann seinen Vater und seine Mutter verlassen und seinem Weibe anhangen, und sie werden sein ein Fleisch.»*

Dieser Vers ist wichtig für die Grundlegung der Ehe und wird im Neuen Testament sowohl von Jesus als auch von Paulus zitiert (Matthäus 19,5; Eph. 5,31). Ein Mann «verlässt» seine Eltern, um mit seiner Frau «zusammenzukleben», wie man «anhangen» auch übersetzen könnte, und wird mit ihr «*ein* Fleisch». Damit ist nicht nur die geschlechtliche Vereinigung gemeint, sondern darüber hinaus eine tiefe persönliche Vereinigung zweier Menschen. Zugleich entsteht eine Verwandtschaftsbeziehung zu den Verwandten des Ehepartners (vgl. 1. Mose 29,14; 37,37; 3. Mose 18,6; 25,29; 4. Mose 27,11). Als Jesus von den Pharisäern gefragt wird, ob Ehescheidung aus jedem Grund möglich sei, zitiert er 1. Mose 2,24 und fügt hinzu: *«So sind sie nun nicht mehr zwei, sondern eins. Was Gott zusammengefügt hat, das soll der Mensch nicht scheiden»* (Matthäus 19,6). Gott selbst hat die Ehe gestiftet, und er selbst fügt Mann und Frau zu «einem Fleisch» zusammen.

Die Ehe wird sogar als «Bund Gottes» bezeichnet: In den Sprüchen wird gewarnt vor einer Frau, die *«den Vertrauten ihrer Jugend verlässt und den Bund ihres Gottes vergisst»* (Sprüche 2,17). Der Prophet Maleachi erinnert daran, dass der Ehebund vor Gott geschlossen wird: *«Gott ist Zeuge gewesen zwischen dir und der Frau deiner Jugend, an welcher du treulos gehandelt hast, da sie doch deine Gefährtin und die Frau deines Bundes ist»* (Maleachi 2,14). Ein Bund kann zwischen Gott und Menschen (z.B. Abraham, 1. Mose 17), aber auch zwischen Menschen untereinander geschlossen werden (David und Jonathan, l. Samuel 18).

Bei Hesekiel wird der Bund Gottes mit seinem Volk direkt mit dem Ehebund verglichen: *« ... und ich schwor dir und trat in einen Bund mit dir, spricht der Herr, Jahweh, und du wurdest mein»* (Hesekiel 16,8). Ein Bund beinhaltete gegenseitige Rechte und Pflichten, und wie in der eben genannten Stelle angedeutet, wurden die Verpflichtungen oft mit einem Schwur oder einem feierlichen Versprechen bekräftigt.

Der Ehebund ist ein dreifacher Bund: Erstens ein Bund vor Gott, vor dem der Bund geschlossen wird, zweitens ein Bund zwischen Mann und Frau, die sich z.B. zur ehelichen Treue verpflichten, und drittens ein Bund vor der Gesellschaft, da die Ehe auch eine gesellschaftliche Dimension besitzt und vor der Öffentlichkeit geschlossen wird.

Wichtig ist nun, dass ein Bund durch die Verletzung der Bundesverpflichtung ungültig gemacht wird. Dies wird zum Beispiel beim Abrahams-Bund deutlich: Wenn Abraham oder seine Nachkommen die Beschneidung unterlassen, wird der Bund und werden damit die göttlichen Verpflichtungen ungültig: *«Meinen Bund hat er ungültig gemacht»* (1. Mose 17,14). Von daher ist zu erwarten, dass auch eine schwere Verletzung des Ehebundes (z.B. Ehebruch) zu seiner legitimen Auflösung (Scheidung) führen kann. Dass dem so ist, werden wir später sehen.

C. Mose und die Ehescheidung

Die wichtigste Stelle im Alten Testament zur Frage der Ehescheidung und Wiederheirat ist wohl 5. Mose 24,1-4, da sich darauf wichtige Stellen im Neuen Testament beziehen (Matthäus 5,31-32; 19,7-9 und Parallelen).

5. Mose 24,1-4:

«(l) Wenn ein Mann eine Frau nimmt und sie heiratet, und wenn es geschieht, dass sie in seinen Augen keine Gnade findet, weil er an ihr eine schamwürdige Sache gefunden hat, und er schreibt ihr einen Scheidebrief, und er gibt ihn in ihre Hand, und er schickt sie aus dem Hause fort, (2) und sie geht aus seinem Haus und geht hin und wird die Frau eines anderen Mannes, (3) und der andere Mann hasst sie und schreibt ihr einen Scheidebrief und gibt ihn in ihre Hand und schickt sie aus seinem Hause fort, oder wenn der andere Mann stirbt, der sie sich zur Frau genommen hat, -

(4) dann darf der erste Mann, der sie fortgeschickt hat, sie nicht wieder zur Frau nehmen, nachdem sie verunreinigt wurde: Denn dies ist ein Gräuel vor Jahweh, und du sollst das Land nicht verunreinigen, welches Jahweh, dein Gott, dir als Erbteil gab.»

Hier handelt es sich um eine Wenn-dann-Konstruktion: *Wenn* eine Frau geschieden wurde und wieder geheiratet hatte, und *wenn* diese zweite Ehe ebenfalls geschieden wurde, *dann* ist eine Wiederheirat mit dem ersten Mann ausgeschlossen.

Dieser Abschnitt beinhaltet keine generelle Regelung von Scheidung oder Wiederheirat, sondern regelt nur einen bestimmten Fall. Scheidung, Scheidebrief und Wiederheirat werden hier eigentlich nicht eingesetzt, sondern nur erwähnt. Manche Schriftgelehrten zur Zeit Jesu verstanden diese Stelle jedoch als ein Gebot der Scheidung *(«Warum hat dann Mose geboten, ihr einen Scheidebrief zu geben und sie zu entlassen?»* Matthäus 19,7; vgl. Punkt 5.). Dieser Abschnitt kann jedoch höchstens als Billigung der Scheidung mit Scheidebrief in einem bestimmten Fall aufgefasst werden. So verstehen jedenfalls Jesaja (Kapitel 50,1), Jeremia (Kapitel 3,1.8) und Jesus die Stelle (Matthäus 19,8: *«Mose hat euch gestattet, eure Frauen zu entlassen»).* Scheidung und Wiederheirat werden damit nicht generell gestattet, sondern als Übel vorausgesetzt und deren Auswüchse geregelt.

Deutlich ist auch, dass eine Wiederheirat keineswegs positiv gesehen wird: Die geschiedene Frau darf nicht mehr zum ersten Mann zurückkehren, da sie durch ihre zweite Ehe «verunreinigt» wurde (V. 4). «Unreinheit» kennzeichnet eine Verletzung des Idealzustandes, und manche Sünden zogen ebenfalls eine «Verunreinigung» nach sich (3. Mose 19,31) - demnach wird hier eine Missbilligung der Wiederheirat ausgedrückt, wenn sie (in diesem Fall) auch nicht deutlich als Sünde gekennzeichnet wird. Ausdrücklich verboten wird nur, dass ein Mann seine geschiedene Frau wieder heiratet, die inzwischen wiederverheiratet war.

Die wichtigste Frage, die 5. Mose 24,1-4 aufwirft, ist die Bedeutung der *«schamwürdigen Sache»,* die in V. 1 als Scheidungsgrund genannt wird. Scheidung wird in diesem Abschnitt nicht generell gebilligt, aber es wird zumindest ein Fall genannt, in dem eine Scheidung legitim ist. Der hebräische Ausdruck wird verschieden übersetzt und bedeutet wörtlich «Blöße einer Angelegenheit» oder «Nacktheit einer Sache», wobei «Blöße» zumeist die Schamgegend eines Menschen umschreibt, und «die Blöße aufdecken» oft für Geschlechtsverkehr steht (3. Mose 18,8 ff.).

Daraus wird deutlich, dass es sich bei der «schamwürdigen Sache» nicht um irgendeine verwerfliche Angelegenheit handelt, wie dies manche Schriftgelehrten zur Zeit Jesu annahmen. Als Scheidungsgrund ließen sie jede «schändliche» Handlung der Frau gelten, sei es Ehebruch oder auch nur das Essen-anbrennen-lassen. Stattdessen handelt es sich offenbar um eine (sündhafte) Handlung der Frau auf sexuellem Gebiet.

In einem früheren Artikel zur Frage habe ich betont: Eine außereheliche Beziehung (Ehebruch) komme dafür nicht in Frage, da eine ehebrecherische Frau nicht geschieden, sondern gesteinigt wurde (3. Mose 20,10). Andernfalls würde dies einen Widerspruch in den alttestamentlichen Geboten bedeuten.

Dabei ist jedoch folgendes zu bedenken: Diese Argumentation geht davon aus, dass die Todesstrafe immer vollstreckt werden musste und nicht in eine andere Strafe umgewandelt werden konnte. Dass Letzteres jedoch möglich war, zeigt 4. Mose 35,31-33: Bei Mord durfte die Todesstrafe nicht in eine andere Strafe verwandelt werden – was bedeutet, dass dies bei anderen Vergehen möglich war und praktiziert wurde.

Zur Zeit des Alten Testaments wurde zwar die Todesstrafe für Ehebruch verhängt, aber sie wurde nicht immer durchgeführt. Zum einen waren für die Todesstrafe mindestens zwei Zeugen notwendig (5. Mose 17,6-7), die aber nicht immer vorhanden waren, wenn zum Beispiel der Ehemann seine Frau «inflagranti» (auf frischer Tat) erwischte. Zum andern gibt es Bibelstellen, in denen Scheidung und nicht Todesstrafe als Folge von Ehebruch erwähnt werden:

Im übertragenen Sinn hatte sich das Volk Gottes des Ehebruchs schuldig gemacht und mit fremden Göttern Hurerei getrieben. Gott erklärt nun durch den Propheten Jeremia: «... *wie ich Israel, die Abtrünnige wegen ihres Ehebruchs gestraft und sie entlassen und ihr einen Scheidebrief gegeben habe, scheut sich dennoch ihre Schwester, das treulose Juda, nicht, sondern geht hin und treibt auch Hurerei*» (Jeremia 3,8). Damit erklärt Gott selbst, dass bei Ehebruch durchaus eine Scheidung möglich ist, und nicht zwangsläufig die Todesstrafe folgen muss!

Oder denken wir an Maria und Josef: Josef erfuhr, dass seine Verlobte Maria schwanger war und glaubte, dass sie ihm während der Verlobungszeit untreu gewesen sei. Darauf stand laut alttestamentlichem Recht die Todesstrafe (5. Mose 22,20-21). Josef wollte Maria nun aber nicht «öffentlich bloßstellen», d.h. anzeigen und damit der Todesstrafe aussetzen, sondern beschloss, sie zu entlassen (d.h. ihr einen Scheidebrief zu geben) (Matthäus 1,19).

Josef wird ausdrücklich als «gerecht» beschrieben und hätte kaum etwas getan, was nicht dem alttestamentlichen Gesetz entsprochen hätte; von daher musste eine Scheidung aufgrund von Ehebruch legitim gewesen sein. Da für Verlobte und Verheiratete dieselben Gesetze galten, war auch eine Verlobung nur durch Scheidung aufzulösen.

Darüber hinaus stellen weder der Erzähler Matthäus noch der Engel es als falsch dar, dass Josef Maria von sich scheiden wollte. Der Engel erklärte ihm lediglich, dass das Kind vom Heiligen Geist gezeugt worden war, und dass damit Josefs Vermutung falsch sei.

Von daher gibt es viele Gründe, die belegen, dass sich die grundlegenden Verse in 5. Mose 24,1-4 auf eine Scheidung *aufgrund von Ehebruch* beziehen.

Doch ist hier ausschließlich Ehebruch gemeint? Wohl nicht, denn dann stünde hier das bekannte Wort für Ehebruch, und nicht der allgemeinere Begriff «schandbare Sache». Von daher ist vielmehr an alle sexuellen Sünden zu denken, die harten Strafen unterliegen, z.B. illegitime Ehen (mit Nichtisraeliten oder Verwandten; vgl. 5. Mose 7,1; Esra 9-10; 3. Mose 18; 20), homosexuelle Handlungen (3. Mose 20,13) oder Sodomie (3. Mose 20,16). Auch an vorehelichen Verkehr ist zu denken, wie oben bereits angesprochen (5. Mose 22,13ff.; Matthäus 1,18ff.).

Auch 5. Mose 24,1 ff. kann in diesem Sinn interpretiert werden, da sich Vers 1 auch auf den Beginn der Ehe beziehen könnte *(„Wenn ein Mann eine Frau nimmt und sie heiratet...")*. Scheidungsgrund wäre dann (wie in 5. Mose 22,13 ff.) die nicht vorhandenen Zeichen der Jungfräulichkeit am Anfang der Ehe.

Zusammenfassend ist festzuhalten, dass eine Ehe im Alten Testament geschieden werden konnte, wenn sich einer der Eheleute sexueller Vergehen schuldig gemacht hatte.

Wir dürfen dabei jedoch nicht stehenbleiben: Die Scheidung aufgrund von sexuellen Vergehen ist nur *ein* Ausdruck für die grundlegende Regelung, die hinter allem steht: Die Ehe ist, wie wir oben gesehen haben, ein Bund, und eine schwere Verletzung der Bundesverpflichtungen macht eine Scheidung möglich. Hierzu zählen vor allen Dingen sexuelle Vergehen, aber es sind auch andere Scheidungsgründe denkbar.

Wenn ein Mann zum Beispiel seine Frau und Kinder auf Dauer verlässt oder sie gewalttätig misshandelt, ist dies ebenfalls eine schwere Verletzung des Ehebundes. Sollte eine Ehe nur dann geschieden werden können, wenn ein Partner untreu wird, nicht aber, wenn er Frau und Kinder misshandelt? Die grundlegende Sicht der Ehe als Bund vor Gott gibt hier die Möglichkeit, derartige Fälle auf biblischer Basis zu entscheiden - wobei jedoch die Gefahr besteht, die legitimen Scheidungsgründe zu weit auszudehnen, was nicht im Sinne der Bibel ist.

D. Die Propheten und die Ehescheidung

Bei den Propheten werden die Gesetze der fünf Bücher Mose vorausgesetzt und bekräftigt.

Jesaja bezieht sich in Kap. 50,1 direkt auf 5. Mose 24,1-4 und erklärt, dass die Vergehen des Volkes zur Entlassung per Scheidebrief geführt haben – wenn auch nur für kurze Zeit. Der Bund Gottes mit seinem Volk wird bei den Propheten oft mit dem Ehebund verglichen. Das Bild der Scheidung aufgrund schwerer Sünden soll dazu dienen, Israel seine Schuld und deren Folgen vor Augen zu führen. Wenn eine Scheidung aufgrund der Verletzung des Ehebundes nicht möglich wäre, hätte der Vergleich keinen Sinn.

Jeremia wiederholt in Kapitel 3 in wenigen Worten 5. Mose 24,1-4 und bezieht dies auf die Beziehung Gottes zu seinem Volk: «*Und er sprach: Wenn sich ein Mann von seiner Frau scheidet, und sie geht von ihm und gehört einem andern, darf er sie auch wieder annehmen? Ist's nicht so, dass das Land unrein würde? Du aber hast mit vielen gehurt und solltest wieder zu mir kommen? spricht der HERR»* (Jeremia 3,1). Einige Verse später geht Jeremia eindeutig davon aus, dass eine Scheidung aufgrund von Ehebruch möglich ist: «... *wie ich Israel, die Abtrünnige, wegen ihres Ehebruchs gestraft und sie entlassen und ihr einen Scheidebrief gegeben habe ...»* (Jeremia 3,8). Diese Verse sind grundlegend für das Verständnis der alttestamentlichen Regelung der Ehescheidung und zeigen die richtige Auslegung von 5. Mose 24,1-4 auf – was wiederum für die Auslegung der neutestamentlichen Stellen wichtig ist.

Hosea verkündigt: *«Rechtet mit eurer Mutter, rechtet! denn sie ist nicht meine Frau, und ich bin nicht ihr Mann, damit sie ihre Hurerei von ihrem Gesicht entfernt und ihren Ehebruch zwischen ihren Brüsten ...»* (Hosea 2,4). Auch Hosea verwendet das Bild einer Scheidung aufgrund von Ehebruch. Der Satz *«sie ist nicht meine Frau, und ich bin nicht ihr Mann»* ist wahrscheinlich Teil der Formulierung in einem Scheidebrief, wie sie zur Zeit des Alten Testaments gängig war, um die rechtliche Auflösung der Ehe zu beurkunden.

Maleachi weist darauf hin, dass Gott Zeuge des Ehebundes ist, und warnt: «*Und an der Frau deiner Jugend handle nicht treulos! Denn ich hasse Scheidung, spricht HERR, der Gott Israels»* (Maleachi 2,14-16). Auch Maleachi setzt voraus, dass «treulos handeln» in Scheidung resultieren kann – was Gott jedoch hasst: Er will einen immerwährenden Bund der Ehe, ohne Treuebruch und Scheidung. *«Ich hasse Scheidung»* darf aber nicht so verstanden werden, als ob Gott jegliche Form der Scheidung kategorisch ablehnte, sonst hätte er nicht an anderer Stelle eine Regelung für den Fall der Scheidung getroffen und diese (zum Beispiel bei Ehebruch) gebilligt. Vielmehr hasst Gott, dass es überhaupt zu Scheidungen kommt, also die Sünde, die zur Scheidung führt, und die mangelnde Vergebungsbereitschaft der Menschen.

Esra und **Nehemia** sind zwar keine Propheten, aber können in diesem Zusammenhang kurz behandelt werden: In Esra 9, 1 ff. wird beschrieben, dass die Israeliten kanaanitische Frauen genommen hatten, obwohl dies vom Gesetz verboten war (5. Mose 7,1-4). Unter Esra taten sie nun Buße und ließen sich von ihren nichtisraelitischen Frauen scheiden (Esra 10, 1 ff.). Dies wird auch bei Nehemia beschrieben (Nehemia 9,2; 10,29; 13,2). Die Scheidung wird hier nicht nur erlaubt, sondern sogar gefordert. Als legitimer Grund gilt der Abbruch von illegitimen Ehen.

E. Jesus und die Ehescheidung

In Matthäus 5,31-32 bezieht sich Jesus direkt auf 5. Mose 24, 1 ff.:

«(31) Und es wird gesagt: 'Wer seine Frau entlassen will, der soll ihr einen Scheidebrief geben.' (32) Ich aber sage euch: Jeder, der seine Frau entlässt, außer aufgrund von Unzucht, macht, dass mit ihr Ehebruch begangen wird, und wer eine Geschiedene heiratet, begeht Ehebruch.»

Der Zusammenhang zeigt, dass sich Jesus häufiger auf die Auslegungstraditionen seiner Zeit berief und dieser die richtige Auslegung des göttlichen Gesetzes gegenüberstellte. Wenn Jesus betonte, dass er nicht gekommen sei, das Gesetz und die Propheten aufzulösen (Matthäus 5,17), dann ist nicht zu erwarten, dass er die alttestamentlichen Gesetze über die Ehescheidung aufheben wollte.

Jesus wendet sich gegen die Falschinterpretation von 5. Mose 24, l, als ob eine Scheidung prinzipiell erlaubt wäre, wenn ein Scheidebrief ausgestellt worden ist. Demgegenüber betont er, dass jemand, der seine Frau entlässt, bewirkt, dass diese die Ehe bricht, und jemand, der eine Geschiedene heiratet, ebenfalls die Ehe bricht. Dass Jesus nicht jede Ehescheidung verwirft, wird aus dem Einschub deutlich, der meistens als «Unzuchtsklausel» bzw. „Ausnahmeklausel" bezeichnet wird: *«Wer sich von seiner Frau scheidet, außer aufgrund von Unzucht, macht, dass mit ihr Ehebruch begangen wird.»* Eine fast gleiche «Unzuchtsklausel» findet sich in Matthäus 19,9: *«Ich aber sage euch: Wer seine Frau entlässt - außer aufgrund von Unzucht - und eine andere heiratet, begeht Ehebruch.»*

Zur Zeit Jesu waren Scheidungen aus nichtigen Gründen weit verbreitet, unterstützt durch die falsche Auslegung von 5. Mose 24,1. Männer schieden ihre Frauen beispielsweise, wenn diese zu viel schwatzten, das Essen anbrennen ließen oder sich öffentlich mit offenen Haaren zeigten. Dagegen betonte Jesus: Wer seine Frau aus solchen nichtigen Gründen scheidet, bewirkt, dass sie Ehebruch begeht.

Dabei setzte er voraus, dass die Frau sich wieder verheiratete, was in der damaligen jüdischen Kultur nicht anders vorstellbar war. Doch diese Wiederheirat stellte einen Ehebruch dar, da der erste Ehebund praktisch noch bestand: Er war nicht durch eine Verletzung der Bundesverpflichtungen aufgelöst worden. War dagegen Unzucht der Scheidungsgrund, war die Scheidung legitim, denn dann war der Ehebund bereits gebrochen, und deshalb bewirkte der Mann nicht, dass die Frau mit ihrer Wiederheirat Ehebruch beging. Dieselbe Regel gilt auch für den Mann, der eine Frau heiratet, die aus nichtigem Grund geschieden wurde: Er begeht durch die geschlechtliche Verbindung mit der neu geheirateten Frau Ehebruch, da die vorangegangene Scheidung der Frau nicht legitim war.

Die Frage ist nun, ob der Begriff «Unzucht» an den beiden Stellen bei Matthäus auch wirklich «Ehebruch» bedeuten kann. Früher argumentierte ich: Es sei kaum möglich, dass «Unzucht» hier Ehebruch bedeutet, da ehebrecherische Frauen auch zur Zeit des Neuen Testaments gesteinigt worden seien (vgl. Johannes 8, 1 ff.). Dies gelte auch für andere sexuelle Sünden.

Demgegenüber bin ich heute der Meinung, dass hier prinzipiell dasselbe gilt wie bei der Auslegung der «schandbaren Sache» in 5. Mose 24, 1: Auch (und gerade) zur Zeit des Neuen Testaments wurde die Todesstrafe nicht mehr (oder fast nicht mehr) immer vollstreckt, da sie unter der römischen Besatzung zumindest schwierig durchzuführen war. Darüber hinaus bezeichnet der Ausdruck «Unzucht» (griech. *porneia}* ein weites Gebiet der sexuellen Sünden. Offenbar wollte Jesus seine «Unzuchtsklauseln» so verstanden wissen: Bei sexuellen Vergehen wie Ehebruch, vorehelicher Untreue, Verwandtenehe oder Sodomie bestand die legitime Möglichkeit der Scheidung.

Ich hatte früher die Meinung vertreten, dass sich die «Unzuchtsklauseln» nur auf voreheliche Untreue beziehen könnten und nur dies als Scheidungsgrund anzusehen sei. Allerdings sprechen für mich nun folgende Gründe gegen diese Interpretation:

- «Unzucht» *(porneia)* ist ein zu weitgefasster Begriff, und es fehlt eine erklärende Einschränkung.

- Die Zuhörer Jesu würden *«porneia»* nicht so eng verstanden haben, zumal dies im Neuen Testament einzigartig wäre.

- Wenn das Alte Testament Scheidung aufgrund von Ehebruch legitimiert, ist dies auch im Neuen Testament anzunehmen, zumindest sind die Zuhörer Jesu davon ausgegangen.

- Auch für «Untreue in der Verlobungszeit» wurde laut alttestamentlichem Gesetz die Todesstrafe gefordert (5. Mose 22,20ff.). Wenn man meine frühere Argumentation anwendet, müsste man konsequenterweise folgern: *«Porneia»* kann nicht «voreheliche Untreue» bedeuten, da darauf nicht Scheidung, sondern Todesstrafe folgte. - Damit zeigt sich, dass meine frühere Interpretation inkonsequent war: Denn wenn man das Argument mit der Todesstrafe verwendet, muss man es *immer* verwenden, auch dann, wenn dies zu keinem brauchbaren Ergebnis führt – denn dann ist fraglich, was Jesus mit «porneia» sonst meinte. Darüber hinaus ist es sehr interessant, dass zwischen 5. Mose 24,1-4 und Matthäus 5,31-32 manche Parallelen bestehen: In beiden Fällen ...

- wurde die Scheidung nicht geboten, sondern geregelt,
- bewirkte die Scheidung eine Wiederheirat der Frau,
- verursachte der Mann Sünde bzw. Verunreinigung,
- wird ein Grund für eine legitime Scheidung genannt.

Dabei ist der griechische Ausdruck für *«außer wegen Unzucht» (parektos logou porneias)* in Matthäus 5,32 eine recht genaue Entsprechung des hebräischen Ausdrucks «schandbare Sache» *(erwat dabar)* in 5. Mose 24,1: *«logos»* entspricht *«dabar»,* und *«porneia»* ist eine ähnlich weite Bezeichnung sexueller Sünden, wie sie mit *«erwat»* angedeutet werden. Jesus gab hier offenbar eine genaue Auslegung von 5. Mose 24,1-4, die bis zur wörtlichen Entsprechung ging.

In Matthäus 19,3-12 wird berichtet, wie die Pharisäer Jesus die Frage stellten, ob es einem Mann erlaubt sei *«seine Frau aus jedem Grund zu entlassen»* (V. 3). Im Hintergrund standen Streitigkeiten verschiedener theologischer Richtungen der Pharisäer, die eine Ehescheidung aus ganz unterschiedlichen Gründen akzeptierten.

Während die Pharisäer über Scheidungsgründe stritten, betonte Jesus die Schöpfungsordnung Gottes, der die Ehe eingesetzt hat und Mann und

Frau zu einem Fleisch werden lässt. *«Was nun Gott zusammengefügt hat, das soll der Mensch nicht scheiden»* (V. 6): Die Scheidung liegt nicht im eigentlichen Schöpfungswillen Gottes.

Auf den Einwand der Pharisäer, dass Mose die Scheidung geboten und den Scheidebrief eingeführt habe, antwortete Jesus: *«Mose hat euch wegen eurer Herzenshärtigkeit gestattet, eure Frauen zu entlassen, von Anfang an ist es aber nicht so gewesen»* (V. 8). Auch wenn Jesus zunächst die grundlegende Schöpfungsabsicht Gottes betonte, die keine Scheidung vorsah, erklärt er nun, dass Ehescheidung von Mose gestattet wurde – wenn auch nur wegen der «Herzenshärtigkeit» der Menschen, als spätere Regelung der Sünde.

Denn auch wenn die Ehescheidung nicht «Schöpfungsordnung» Gottes war, so war sie doch eine «Notverordnung» Gottes für eine gefallene Welt – aber dennoch Gottes Ordnung. Damit widerspricht Jesus nicht der alttestamentlichen Scheidungsregelung, sondern er stellt sie lediglich in den richtigen Zusammenhang. Jesus sagt nichts gegen eine Scheidung aus legitimen Gründen, was auch im darauffolgenden Vers deutlich wird, der bereits zuvor besprochen wurde: *«Ich aber sage euch: Wer seine Frau entlässt -* ***außer aufgrund von Unzucht*** *- und eine andere heiratet, begeht Ehebruch»* (V. 9).

Die Jünger Jesu reagieren auf diese Aussage Jesu recht aufgebracht: *«Steht die Sache eines Mannes mit seiner Frau so, dann ist's nicht gut zu heiraten»* (V. 10). Früher hatte ich vertreten, dass diese Reaktion nur verständlich sei, wenn Jesus praktisch keinen legitimen Scheidungsgrund anerkennen würde. Doch wenn man bedenkt, dass die Jünger in einem Umfeld lebten, in dem Scheidung aus allen möglichen Gründen erlaubt war, kann man verstehen, dass den Jüngern die Einschränkung «Ehescheidung nur aufgrund von Unzucht» als ziemlich hart erschien.

In Markus 10,2-12 wird dasselbe Ereignis in etwas abgewandelter Form erzählt. Hier lautet die Hauptaussage Jesu: *«Wer sich scheidet von seiner Frau und eine andere heiratet, der bricht ihr gegenüber die Ehe; und wenn sich eine Frau von ihrem Mann scheidet und einen anderen heiratet, bricht sie ihre Ehe»* (V. 11-12). Dies entspricht weitgehend den bisher behandelten Versen (Matthäus 5,32; 19,9), außer dass sowohl hier als auch in Lukas 16,18 eine einschränkende Bemerkung wie die «Unzuchtsklausel» fehlt.

Bedeutet dies, dass Jesus die Scheidung und Wiederheirat nun doch kategorisch ablehnt? Heißt das, dass es doch keinen legitimen Scheidungsgrund gibt und jede Ehescheidung Ehebruch bedeutet? Ist unsere Deutung der «Unzuchtsklauseln» von daher gänzlich falsch? Erlaubten die Stellen bei Matthäus die Scheidung vielleicht doch nur in einem bestimmten Fall, der aber so selten war, dass er praktisch nicht in Betracht gezogen werden musste, und ein generelles Verbot der Scheidung daher angemessen war?

Dem ist nicht so, denn die Unzuchtsklauseln beinhalten mindestens *einen* legitimen Scheidungsgrund und damit mindestens *eine* Ausnahme. Egal, ob diese Ausnahme «groß» oder «klein» (und praktisch zu vernachlässigen) ist: Die Unzuchtsklauseln bei Matthäus stellen eine Ausnahme dar, die bei Markus und Lukas nicht auftauchen. Wenn man nun die Versionen von Matthäus und Markus (und Lukas) miteinander vereinbaren will, darf man den Markus-Text ohnehin nicht so verstehen, dass er jede Ausnahme ablehnt, da Matthäus eben eine Ausnahme nennt, welche auch immer das ist.

Man könnte nun argumentieren, dass Markus sein Evangelium an Heidenchristen in einer heidnischen Umwelt schrieb, in der die bei Matthäus genannte Ausnahmeregelung keinerlei Rolle spielte (z.B. wenn man die Unzuchtsklausel auf vorehelichen Verkehr beschränkt). Jedoch wären auch in einer heidnischen Umwelt derartige Ausnahmen wichtig, denn auch hier gab es voreheliche Untreue von Verlobten oder Verwandtenehen, vielleicht noch mehr als im Judentum.

Das Fehlen der Ausnahme bei Markus (und Lukas) ist viel leichter so zu erklären: Diese Evangelisten setzen voraus, dass Ehescheidung aufgrund von Unzucht legitim ist – wie das sowohl in der jüdischen als auch in der heidnischen Umwelt getan wurde – und erwähnen diese selbstverständliche Ausnahme nicht besonders.

F. Paulus und die Ehescheidung

In Römer 7,2-3 verwendet Paulus die Ehe als Beispiel für das alttestamentliche Gesetz, das den Menschen bindet, solange er lebt:

«(2) Denn eine Frau ist an ihren Mann gebunden durch das Gesetz, solange der Mann lebt; wenn aber der Mann stirbt, so ist sie frei von dem Gesetz, das sie an den Mann bindet. (3) Wenn sie nun bei einem andern Mann ist, solange ihr Mann lebt, wird sie eine Ehebrecherin genannt; wenn aber ihr Mann stirbt, ist sie frei vom Gesetz, so dass sie nicht eine Ehebrecherin ist, wenn sie einen andern Mann nimmt.»

Ich habe früher argumentiert, dass Paulus hier keine Ausnahme zulässt: Die Ehe ist unauflöslich, es gibt keinen berechtigten Scheidungsgrund, und eine Wiederheirat ist immer gleichbedeutend mit Ehebruch.

Dagegen ist jedoch festzustellen: Wenn das Alte Testament und zumindest Jesus nach Matthäus eine Ausnahme zulassen, wird Paulus dem nicht widersprechen. Dass Paulus hier keine Ausnahme anführt, ist darüber hinaus gut erklärbar, da er Ehe und Scheidung als Bild für einen anderen Sachverhalt verwendet – die Gültigkeit des Gesetzes – und die Erwähnung einer Ausnahme den Gedankengang stören würde.

Zudem gibt es viele Ausleger – und dazu gehörte ich selbst –, die Scheidung und Wiederheirat generell ablehnen, aber eine (wenn auch kleine) Ausnahme anerkennen. Dies ist jedoch inkonsequent, da man dann nicht gleichzeitig behaupten kann, dass Paulus in Römer 7,2-3 die Scheidung kategorisch ablehnt und *keine* Ausnahme zulässt.

Dieselben Argumente gelten für l. Korinther 7,39:

«Eine Frau ist gebunden, solange ihr Mann lebt; wenn aber der Mann entschläft, ist sie frei, zu heiraten, wen sie will; nur dass es in dem Herrn geschehe!»

In l. Korinther 7,10-11 schreibt Paulus:

«10) Den Verheirateten aber gebiete nicht ich, sondern der Herr, dass eine Frau sich nicht vom Mann scheiden lassen soll (11) - wenn sie aber doch geschieden ist, so bleibe sie unverheiratet oder versöhne sich mit dem Mann - und dass ein Mann seine Frau nicht entlasse.»

Im Falle einer Scheidung nennt Paulus zwei Alternativen: Entweder unverheiratet bleiben oder Versöhnung mit dem geschiedenen Mann. Die Heirat eines anderen Partners ist hier ausgeschlossen.

Doch schließt Paulus die Wiederheirat auch nach einer Scheidung aus, die z.B. aufgrund von Ehebruch erfolgte? Das ist kaum anzunehmen: Im Alten Testament sowie bei Jesus (nach Matthäus) gibt es einen legitimen Scheidungsgrund und damit auch die Freiheit zur Wiederheirat. Nur bei einer Ehe, die illegitim geschieden wurde, war die Wiederheirat gleichbedeutend mit Ehebruch. Entweder widerspricht Paulus der Auslegung des Alten Testaments, den Aussagen Jesu (nach Matthäus) und der gängigen Rechtsprechung – was kaum anzunehmen ist –, oder er erwähnt einfach keine Ausnahme, obwohl er sie akzeptiert. Wie oben, ist auch hier anzunehmen, dass Paulus die legitime Möglichkeit der Scheidung aufgrund von Unzucht einfach voraussetzt und – wie Jesus an manchen

Stellen – gegen die herrschende Praxis Stellung nimmt, dass man sich aus nichtigen Gründen scheiden ließ und sich wiederverheiratete.

In l. Korinther 7,12-16 behandelt Paulus die Frage, wie sich Gläubige in Ehen mit Nichtchristen verhalten sollen. Er betont, dass eine Scheidung nur dann in Betracht kommt, wenn es der ungläubige Partner fordert. Sollte das bedeuten, dass Paulus z.B. Ehebruch nicht als legitimen Scheidungsgrund anerkennt? Er erwähnt dies zwar nicht, aber das ist auch nicht sein Thema. Er betont: Ein Christ soll keine Scheidung betreiben, aber andererseits auch keine Ehe aufrechterhalten wollen, die der ungläubige Partner scheiden will: *«Wenn aber der Ungläubige sich scheiden will, so lass ihn sich scheiden. Der Bruder oder die Schwester ist nicht gebunden in solchen Fällen»* (V. 15).

Wer argumentiert, dass Paulus überall Scheidung generell ablehnt und keinen legitimen Scheidungsgrund kennt, der sollte bedenken, dass Paulus gerade hier etwas erwähnt, aufgrund dessen eine Ehe für einen Christen guten Gewissens zu scheiden ist: der Umstand, dass der ungläubige Ehepartner die Ehe nicht weiterführen will.

Zum einen ist klar, dass sich unter solchen Bedingungen keine Ehebeziehung aufrechterhalten lässt, zum andern steht hinter der Aussage von Paulus wahrscheinlich folgender Gedanke: Wenn ein Ehepartner den andern auf Dauer verlässt (oder verstößt), dann ist dies eine schwere Verletzung des Ehebundes – somit ist es möglich, die Ehe durch Scheidung aufzulösen. Nicht nur Ehebruch oder andere sexuelle Vergehen sind eine Verletzung des Ehebundes – auch Verlassen oder Verstoßen gehört hierzu. Es versteht sich von selbst, dass ein Christ kein Recht hat, eine Ehe von sich aus aufzulösen – doch wenn dies der ungläubige Ehepartner tut, gilt: *«Der Bruder oder die Schwester ist nicht gebunden in solchen Fällen.»*

Unser Abschnitt bestätigt unsere Auslegung von Römer 7,2-3 und 1. Korinther 7,10-11, wonach Paulus die Scheidung dort nicht absolut ablehnt: In 1. Korinther 7,12-16 nennt Paulus zumindest einen Grund, aufgrund dessen eine Scheidung berechtigt ist. Somit sind seine anderen Aussagen nicht kategorisch zu verstehen.

1. Korinther 7,27a *(«Bist du an eine Frau gebunden, so suche nicht, von ihr loszukommen»)* unterstreicht noch einmal, was bereits zur letzten Stelle gesagt wurde: Paulus lehnt hier nicht legitime Scheidungsgründe ab, sondern betont, dass ein Christ nicht von sich aus die Scheidung betreiben soll.

G. Die christlichen Kirchen und die Ehescheidung

In der frühen Christenheit war die Ehescheidung in einigen Fällen erlaubt, wobei man sich auf die Ausnahmeregeln Jesu berief. Dies unterstützt unsere Deutung der Aussagen des Neuen Testaments.

Während in der Frage der Ehescheidung Einigkeit bestand, gab es jedoch in der Frage der Wiederheirat Geschiedener unterschiedliche Positionen: Einige Theologen und Bischöfe erlaubten sie, andere nicht.

Zum Beispiel gestattete die Synode von Elvira im Jahr 306 sogar der Frau eines ehebrecherischen Mannes keine Wiederheirat. In der Rechtssammlung des Gratian (12. Jahrhundert) wurde die Wiederheirat kategorisch abgelehnt, und das Konzil zu Trient (1545-63) untersagte sogar die Scheidung bei vorangegangener Untreue des Ehepartners – im Gegensatz zur Auslegung und Praxis der vorhergehenden Jahrhunderte.

Luther, Zwingli, Melanchthon und andere Reformatoren erlaubten die Ehescheidung und Wiederheirat aufgrund von ehelicher Untreue, das calvinistische «Westminster-Bekenntnis» von 1647 erkennt Ehebruch oder «mutwilliges Verlassen» (aufgrund von l. Kor. 7,15!) als legitime Scheidungsgründe an.

Die meisten konservativen evangelischen Christen der Neuzeit vertreten die Position, dass mindestens aufgrund von Ehebruch eine Scheidung und Wiederheirat erlaubt ist. Über weitere Scheidungsgründe und die Frage der Wiederheirat gehen die Meinungen jedoch auseinander. Auslegungen evangelischer Christen, die sich gegen jegliche Scheidung, egal aus welchen Gründen, aussprechen, sind relativ selten und kaum älter als hundert Jahre.

H. Schlusswort

Aufgrund des biblischen Befundes, der durch die Auslegungsgeschichte weitgehend bestätigt wird, ist somit nicht jede Ehescheidung zu verwerfen. Es ist wichtig, zu klären, aus welchen Gründen eine Ehescheidung beabsichtigt ist bzw. bereits stattgefunden hat. Eine Wiederheirat ist nur dann akzeptabel, wenn die Scheidung aus legitimen Gründen erfolgte. Dennoch sollte man nicht leichtfertig einer Ehescheidung zustimmen, sondern auf die Versöhnung von geschiedenen Ehepartnern hinarbeiten, wenn das noch möglich ist, denn Gottes eigentliche Absicht ist nicht Scheidung und Wiederheirat, sondern eine lebenslange Ehe.

Ehescheidung und Wiederheirat im Neuen Testament auf dem Hintergrund des talmudischen Judentums

Von Baldur Gscheidle, Stuttgart (Deutschland)

Vorbemerkungen

Wir beziehen in unsere historische Analyse den ***„Babylonischen Talmud“***[2] ein. Dadurch soll verständlich werden, warum und wie sich Jesus mit den Pharisäern und Schriftgelehrten auseinandergesetzt hat. Es findet sich eine große Anzahl von Bibelstellen im Neuen Testament, die Jesu Verhältnis zu ihnen und ihren Lehren veranschaulicht. Jesus demaskiert sie und hält ihnen ihr falsches und heuchlerisches Leben vor Augen. Sein Urteil über sie ist geradezu vernichtend:

Matthäus 5,20: „Denn ich sage euch: Wenn eure Gerechtigkeit nicht besser ist als die der Schriftgelehrten und Pharisäer, so werdet ihr nicht in das Himmelreich kommen.“

Die Pharisäer vertraten, wie Jesus hier betont, zwei verschiedene Lehren. Zum einen predigten sie in der Synagoge die Lehren der Thora. Dort wurde regelmäßig aus den Schriftrollen ein Abschnitt für die versammelte Gemeinde am Sabbat vorgelesen und ausgelegt.[3] Für sich selbst handelten sie jedoch nach den überlieferten Lehrsätzen des „Babylonischen Talmud“, die, wie noch dargestellt wird, weithin mit den göttlichen Lehren der Thora nicht in Einklang stehen. Jesus sagt den Menschen deshalb:

---

[2] Der Babylonische Talmud. Übersetzung Lazarus Goldschmidt. Jüdischer Verlag Suhrkamp, Frankfurt/Main. – Goldschmidt - in den Fußnoten kurz als GS. angeführt.

[3] Lukas 4,16 ff.

Matthäus 23,3: „Alles nun, was sie euch sagen, das tut und haltet; aber nach ihren Werken sollt ihr nicht handeln; denn sie sagen's zwar, tun's aber nicht."

Matthäus 23,13: „Weh euch, Schriftgelehrte und Pharisäer, ihr Heuchler, die ihr das Himmelreich zuschließt vor den Menschen! Ihr geht nicht hinein, und die hinein wollen, lasst ihr nicht hineingehen."

Anzumerken ist aber, dass es unter den Pharisäern sehr wohl auch redliche und rechtschaffene Menschen gab, die Jesus offen und ehrlich begegneten, wie wir z.B. in Johannes 3 von Nikodemus lesen.

Durch die Kenntnis der talmudisch-pharisäischen Gesetze werden die Aussagen unseres HERRN Jesus Christus zum Thema Ehe, Ehescheidung und Wiederheirat für den Leser gewiss durchschaubarer.

A. Einiges über den Talmud

Der Talmud lag zu der Zeit Jesu noch nicht vollständig in schriftlicher Form vor. Jedoch sind die pharisäischen Bestimmungen tief von diesem Buch geprägt.

Die Entstehungszeit des Babylonischen Talmud (Talmud Bavli) liegt zwischen dem 6. und 5. Jahrhundert vor Christus. Daneben steht der erheblich kürzere Talmud Jeruschalmi, der in Israel entstand. Wenn einfach vom Talmud gesprochen wird, ist in der Regel der Babylonische Talmud gemeint.

Durch ständige Diskussionen und Analysen wurde der Talmud bis ins Mittelalter hinein weiterentwickelt. Heute sind der Tanach[4] und der

[4] D. i. die biblischen Bücher des AT: Thora (1-5.Mose), Nebiim (die großen und die kleinen Propheten) und Kethubim (die "Schriften", d. s. die poetischen Bücher).

Talmud die unumstrittenen Grundpfeiler des Judentums, historisch und zeitlos.

Der Talmud ist eine der wichtigsten Säulen des Judentums. Er gilt als mündliche Thora, die Mose neben der schriftlichen am Berg Sinai von Gott erhalten haben soll. Sie wurde aber in Wirklichkeit im vierten Jahrhundert v. Chr. zuerst in Palästina und etwa hundert Jahre später noch einmal in Babylonien niedergeschrieben. Letztlich hat sich der Babylonische Talmud durchgesetzt.

Der Talmud, wörtlich »die Belehrung«, ist das grundlegende Werk der jüdischen Religion, das biblische Grundsätze in ihrer Auslegung, in den Erörterungen der Schriftgelehrten wiedergibt. Der Talmud hält ***mündliche*** *Ausführungen, Fragen und Antworten, Streitpunkte wie Rätsel fest und gibt ihnen verbindliche Gestalt. Der Talmud enthält zwei Werke: die Mischna aus Palästina, die kanonische Sammlung jüdischer Gesetze, und die Gemara, die Diskussionen über diese Gesetze, die in Babylonien geführt und aufgezeichnet wurden. Nach diesem Ort heißt das Werk „****Babylonischer Talmud****“ (gegenüber dem kleineren Palästinischen oder Jerusalemer Talmud).* ***Der Babylonische Talmud ist das verbindliche Werk für das Studium der Heiligen Schrift.*** *Die erste deutschsprachige Auflage nach Lazarus Goldschmidt erschien zwischen 1929 und 1936 im Jüdischen Verlag Berlin.*[5]

Die „Universal Jewish Encyclopedia“ führt aus:

Die jüdische Religion, so wie sie sich heute darstellt, geht auf eine über Jahrhunderte lange ununterbrochene Herkunftslinie bis auf die Pharisäer zurück. Ihre Leitgedanken und Methoden fanden ihren Ausdruck in einer Literatur von enormen Ausmaßen, davon auch heute noch immer viel existiert. Der Talmud ist das größte und wichtigste Einzelteil dieser Literatur …und das Studium davon ist unentbehrlich für das rechte Verständnis des

---

[5] http://www.judentum.org/talmud/babylonischer-talmud.htm

Pharisäertums.[6]

Der „*Babylonische Talmud*" hat die Thora und die kanonischen Schriften im Judentum abgelöst und hat in allen Fragen den Vorrang vor der Bibel. Dies wird unten noch näher erläutert. Bei der Betrachtung der Auseinandersetzungen Jesu mit den Pharisäern und Schriftgelehrten wird diese Tatsache immer wieder deutlich. Jesus prangert in aller Schärfe an, dass sie die Schriften, das heißt die mosaischen Gesetze, ins Gegenteil verkehren und sogar aufheben. So konstruierten sie die talmudischen Vorschriften mit zahllosen Ausnahmeregeln, um auf irgendeine Weise die klaren und eindeutigen Gebote Gottes dennoch straflos zu umgehen.

Der Babylonische Talmud, wie er in der deutschen Übersetzung von Lazarus Goldschmidt vorliegt, ist ein Sammelwerk von 12 Bänden und umfasst 9550 Seiten. Das Werk enthält 63 Traktate (Bücher) und nimmt langatmig und haarspalterisch Stellung zu allen nur möglichen und unmöglichen erdachten Lebenssituationen.

B. Talmud-Zitate über Frauen und Ehescheidung

Ein ganzer Abschnitt des Talmud mit Hunderten von Seiten, befasst sich mit Fragen, welche die Frauen betreffen. Der Traktat *Gittin* handelt speziell von den Scheidebriefen. Es wird erörtert, was erlaubt und was verboten ist, wo und wie man Ausnahmeregeln findet, die eine Übertretung der biblischen Gebote erlauben. Diese Regeln finden sich im Talmud zuhauf, so dass das, was Gott absolut verboten hat, doch noch durch eine spitzfindige Ausnahmeregelung erlaubt wird.

Als Beispiel einige Talmudzitate zum Thema Frauen. Die Frau ist laut Talmud Eigentum des Mannes. Er kann mit ihr machen, was er will:

---

[6] THE UNIVERSAL JEWISH ENCYCLOPEDIA VOL. VIII Pharisees (continued) Page 474

Nedarim 20b: „*Über die Beiwohnung: ... die Weisen sagten: ...vielmehr könne jeder mit seiner* ***Frau*** *machen, was ihm beliebt. Dies ist ebenso, als wenn man Fleisch vom Schlächter holt; will man es mit Salz essen, esse man es so, wenn gebraten, so esse man so, wenn gekocht, so esse man es so, wenn gesotten, esse man es so. Oder ebenso, als ob man einen Fisch vom Fänger holt.*“ [7]

Sanhedrin 71a: „*Was die* ***Frau*** *besitzt, gehört dem Ehemann.*“[8]

Ehescheidung war ja die große Frage der Pharisäer in Matthäus 19. Der Talmud stellt die Frauen außerhalb des öffentlichen religiösen Lebens, verbietet, sie in der Religion zu unterrichten und lässt sie ohne religiöse Vorschriften, indem er sie auf Familie und Haus anweist. Das war noch Fakt im Jahre 1847.[9]

Zur Frage der Scheidung regelt der Talmud Folgendes: Für die Scheidung muss ein Scheidebrief, (eine Scheidungsurkunde, hebr. *Get*) geschrieben werden.[10] Dieser muss von Anfang bis Ende speziell für eine bestimmte Frau zum Zweck dieser Scheidung geschrieben werden. Der Scheidungsakt besteht in einer Willenserklärung des Ehemannes, die urkundlich in einem Scheidebrief unter Einhaltung bestimmter Formen niedergelegt sein muss, und in der Übergabe dieses Scheidebriefes an die Ehefrau. Der Ehefrau steht ein Recht auf Scheidung ursprünglich nicht zu; es bedurfte zur Scheidung durch den Ehemann nicht einmal ihrer Zustimmung; erst durch die Verordnung der Rabbinerversammlung in Worms 1040 n. Chr., wurde auf Veranlassung von R. Gerschom die Einwilligung der Ehefrau zur Scheidung verlangt.[11]

---

[7] Nedarim 20b. GS. Bd. V, S. 406-7. Das bezog sich auch auf die eheliche Beiwohnung.

[8] Sanhedrin 71a. GS.. Bd. VIII. S. 746

[9] Ergänzungsblätter zu allen Converationslexiken. Nr. 81, vom 13. Januar 1847, Seite 454; erwähnt auf einer Rabbinerversammlung im Juli 1846 in Breslau.

[10] Siehe 5 Mose 24,1-4.

[11] Diese ist spätestens seit den Erlassen des R. Gerschom aus Worms auf der Rabbinerkonferenz um 1040 eingeführt.

Der wesentliche Text des Scheidebriefes lautet nach dem Talmud, Traktat *Gittin* 85b, „Von der Ehescheidung", wie folgt:

Gittin 85b: „***Du bist nun jedermann erlaubt****. R. Jehuda sagt, (man schreibe) auch: dies diene dir von mir als Trennungsschrift, Entlassungsbrief und Scheidungsurkunde, um zu gehen, und jedermann nach Belieben zu heiraten. Der wesentliche Text des Freilassungsbriefes ist: du bist nun ein Freier, du gehörst nun dir selber.*"[12]

Nedarim 5b: „*Du bist nun jedem Menschen erlaubt. R. Jehuda sagt: Man schreibe noch zu: Dies diene dir von mir als Scheidungsschrift und Entlassungsbrief.*"[13]

Rabbi Schammai lässt als Scheidungsgrund ausschließlich Ehebruch gelten; Rabbi Hillel dagegen hält die Scheidung für ein freies, unbegrenztes Recht des Ehemannes, der davon selbst bei unbedeutenden Vorkommnissen häuslichen Unfriedens Gebrauch machen kann.

Gittin 90ab: „*Die Schule* ***Schammais*** *sagt, man dürfe sich von seiner* ***Frau*** *nur dann scheiden, wen man an ihr etwas* ***Schändliches*** *gefunden hat, denn es heißt: denn er fand an ihr etwas Schändliches; die Schule* ***Hillels*** *sagt, selbst wenn sie ihm die Suppe versalzen hat, denn es heißt: denn er fand an ihr etwas Schändliches; Rabbi* ***Akiba*** *sagt, selbst wenn er eine andere schönere als sie findet, denn es heißt: wenn sie keine Gunst in seinen Augen findet.*"[14/15]

Jabmuth 64a: „*Wenn jemand eine* ***Frau*** *genommen hat und er zehn Jahre beisammen war,* ***ohne dass sie geboren hat****, so darf er es nicht länger un-*

---

[12] Gittin 85b. GS. Bd. VI, S. 480.

[13] Nedarim 5b. GS. Bd. V, S. 378.

[14] 5 Mose 24,1 Gittin 90ab GS. Bd. VI, S. 499-501. Rabbi Akiba war ein Talmudweiser des ersten Jahrhunderts, auf den Moses angeblich eifersüchtig war. Er starb um 135 n. Chr. Akiba ben Josef wurde um das Jahr 50 n. Chr. geboren. Als gesichert kann gelten, dass er gegen Ende des jüdischen Bar-Kochba-Aufstandes gegen die Römer, etwa 135 n. Chr., den Märtyrertod erlitten hat.

[15] Etwas Schändliches konnte bereits der Verdacht einer Untreue der Frau sein. Sotah 1a. GS. Bd. VI, S. 3 ff.

terlassen.“ (D. h.: Er muss eine andere heiraten.) *„Hat er sich von ihr geschieden, so darf ein anderer sie heiraten, und auch der andere darf mit ihr zehn Jahre beisammen sein. Hat sie abortiert, so zähle man die Stunde, da sie abortiert hat.“*[16]

Kethuboth 77a: *„Folgende zwinge man,* (ihre Frau) *zu entlassen: Den Grindbehafteten, den Polypenbehafteten, den Sammler ...* usw. *Was heißt polypenbehaftet? Rabbi Jehuda erwiderte im Namen Semuels: Mit üblem Nasengeruch behaftet. Es wurde gelehrt: Mit üblem Mundgeruche. ... Was heißt Sammler? R. Jehuda erwiderte: Der Hundekot sammelt – und den Gerber.“*[17]

Jabmuth 63b: *Raba sagte: „**Es ist Gebot, ein böses Weib fortzujagen,** denn es heißt* (Spr 22, 10): *Jage den Spötter fort, so geht auch der **Zank** weg, und **Streit** und Schimpf hören auf. Ein böses Weib ist wie ein Tag des Unwetters. Einem bösen Weib mit großer Morgengabe* (Mitgift) *setze man eine Nebenbuhlerin zur Seite.“*[18]

Kethuboth 72a: *„Folgende sind **ohne Morgengabe**[19] zu entlassen: Die das Mosaische Gesetz und die jüdische Sitte (Mores) übertritt. Das Mosaische Gesetz übertreten heißt, wenn sie ihm zu essen gibt, was nicht verzehntet ist, sich als Menstruierende begatten lässt, die Teighebe[20] nicht absondert, oder gelobt und nicht hält. Jüdische Sitte übertreten heißt: wenn sie mit entblößtem Haupte ausgeht, auf der Straße spinnt, oder wenn sie sich mit jedem Menschen unterhält.“*

---

[16] Jabmuth 64a. GS. Bd. IV, S. 536

[17] Kethuboth 77a. GS. Bd. V, S. 246-47 und folgende. Anmerkung 204: Der Hundekot wurde zum Gerben von Fellen verwendet.

[18] Jabmuth 63b. GS. Bd. IV, S. 533-34.

[19] Das in die Ehe eingebrachte Heiratsgut. Die Frau stand dann mittellos da.

[20] Gesetz des Maimonides Nr. 273. Ihr sollt einen Teil vom Teig für die Priester zur Seite stellen. Nach 4Mo 15,20: Als Erstling eures Teigs sollt ihr einen Kuchen als Opfergabe darbringen. Wie die Opfergabe von der Tenne.

„R. Tryphon sagt: Auch die Schreierin. Wer heißt Schreierin? Wenn sie zu Hause spricht und die Nachbarinnen ihre Stimme hören." [21]

Es war somit möglich, die Frau ohne jegliche wirtschaftliche Versorgung und Absicherung mit wenigen konstruierten Gründen wegzuschicken. Welches Elend kam auf diese Frauen zu! Prostitution, eheähnliche Lebensgemeinschaften mit wechselnden Partnern o.ä. waren sicher für manche die tragischen Folgen, wenn sie sich nicht wieder verheiraten konnten.

Im Traktat *Gittin* werden auf vielen Seiten die Modalitäten, wie ein Scheidungsbrief geschrieben und übergeben werden muss, dass er rechtskräftig wird, breit diskutiert und aufgelistet. Nur eines der vielen spitzfindigen und haarspalterischen Beispiele:

Gittin 79a: *„Wenn sie auf der Spitze des Daches gestanden hat und er ihr den Scheidebrief zugeworfen hat, so ist sie, sobald er den Luftraum des Daches erreicht hat, geschieden; wenn er oben und sie unten gestanden hat, und er ihr ihn zugeworfen hat, so ist sie, sobald er aus dem Gebiet des Daches gekommen, auch wenn er verwischt oder verbrannt worden ist, geschieden."*[22]

Wie in den meisten antiken Kulturen wird auch im Talmud ausschließlich der Ehebruch auf Seiten der Ehefrau verurteilt und bestraft, nicht aber auf Seiten des Mannes; denn der Ehebruch ist begrifflich im jüdischen Recht nur mit einer verheirateten Frau oder mit einer Jungfrau nach ihrer Antrauung möglich, während dem verheirateten Manne der Verkehr mit einer andern unverheirateten Frau (Nichtjüdin) nicht untersagt ist, da die Mehrehe, also die Polygamie für den Mann zugelassen

---

[21] Kethuboth 72a. GS. Bd. V, S. 232 (Zitat gekürzt).

[22] Gittin 79a. GS. Bd. VI, S. 455

ist. Nach R. Gerschom wird von den aschkenasischen[23] Juden eine polygame Ehe nur in Ausnahmefällen bei entsprechender Zustimmung von 100 Rabbinern eingegangen. Die sephardischen[24] Juden behielten das alte Recht weiter bei; Die Polygamie ist bei ihnen auch heute noch rechtlich zugelassen.[25] In einer Abhandlung über jüdisches Recht ist zu lesen:

Die Strafe für Ehebruch kann nur dann zur Anwendung kommen, wenn die Ehebrecherin (no-efet) und der Ehebrecher (no-ef) auf frischer Tat ertappt werden und dies durch zwei Zeugen festgestellt wird. Hingegen ist der Ehemann berechtigt, sich scheiden und die Frau ihrer güterrechtlichen Ansprüche gemäß ihrer Kethubah (Hochzeitsgut, Mitgift) verlustig erklären zu lassen (Sotah 4,2 [26]), wenn nur ein begründeter Verdacht des Ehebruchs vorliegt. In vor-sinaitischer Zeit mag schon bei bloßem Unzuchtsverdacht die Anwendung der Todesstrafe üblich gewesen sein (1 Mose 38, 24). Eine Heirat zwischen einer wegen Ehebruch geschiedenen Frau mit dem Ehebrecher ist unstatthaft (Sotah 5,1 [27]); dem jüdischen Recht ist auch der in modernen Rechten hierfür vorgesehene Dispens fremd. Zur eigentlichen Verurteilung wegen Ehebruch dürfte es nur selten gekommen sein, da es zumeist wohl an den unerlässlichen Zeugen fehlte. Der Ehebruch wird an beiden beteiligten Ehebrechern mit dem Tode (3. Mose 20, 10 und 5. Mose 22, 22), und zwar im Allgemeinen mit Erdrosselung (Sanhedrin 10, 1) bestraft; der Ehebruch der Verlobten (d.h. angetrauten Jungfrau, na-ara betula me-orassa) wird mit der strengeren Strafart, der Steinigung, gesühnt, weil die Verlobte noch nicht unter der Obhut ihres künftigen Ehemannes

---

[23] Die Aschkenasim, deren Vorfahren in Deutschland oder Frankreich lebten, bevor sie nach Osteuropa und teilweise später in die USA auswanderten.

[24] Sephardim, deren Vorfahren auf der iberischen Halbinsel (Spanien , Portugal) lebten, die orientalischen Juden (Misrachim), die im Nahen Osten und in Nordafrika lebten, aber auch nach Mittel- und Südasien wanderten (orientalische Juden werden oft auch als sephardisch bezeichnet, da ihre Traditionen weitgehend übereinstimmen).

[25] Einehe: Diese ist spätestens seit den Erlassen des R. Gerschom aus Worms auf der Rabbinerkonferenz um 1040 die einzig geltende Norm. http://juedisches-recht.org

[26] Sotah 23b-24a. GS. Bd. VI, S. 85

[27] Sotah 27b. GS. Bd. VI, S. 94-95

steht und daher eines besonderen Schutzes bedarf, der in dieser verschärften Strafandrohung zum Ausdruck kommt. [28] *Für die der Hurerei überführte Priestertochter ist die Verbrennung vorgesehen (3. Mose 21, 9; vgl. auch 1. Mose 37, 24).* [29]

Der Schreiber bezieht sich hier auf die Thora und den Talmud. Im Talmud finden sich viele Ausnahme- oder Dispensationsmöglichkeiten[30], um irgendeine verbotene Handlung dennoch straffrei ausführen zu können. Bekannt sind ja die vielen Sabbatvorschriften, die dann trickreich umgangen werden können. Noch heute haben die talmudisch geprägten Juden ihren „Sabbatgoj", das ist ein Nichtjude, der alle Arbeiten am Sabbat ungestraft erledigen darf. Ohne diese „Sabbatgojim" wäre das moderne Leben in Israel heute nicht mehr möglich.

Wie der Begriff „ausgenommen" im Talmud gebraucht werden konnte, um das Gesetz Gottes ungültig zu machen, um ungestraft Gottes Gebote zu umgehen, demonstrieren folgende Talmudstellen:

Hulin 109b: „*Jalta* (die Frau Nahmans) *sprach zu Rabbi Nahman: Merke,* ***der Allbarmherzige hat für alles, was er uns verboten hat, Entsprechendes erlaubt****: er erlaubte uns die Leber anstelle des verbotenen Blutes, das Blut der Reinheit*[31] *anstelle der Menstruation, den Talg des Wildes anstelle des Talges vom Vieh, das Gehirn des Sibutha anstelle des Schweines ... die Geschiedene bei Lebzeiten ihres Ehemannes anstelle einer verheirateten Frau, die Bruderswitwe, anstelle der Schwester des Bruders, die schöne Gefangene, anstelle der Nichtjüdin.* "[32]

---

[28] 5 Mose 22,24; Sanhedrin 53-55. GS. Bd. XIII, S.674-684 (In diesem Abschnitt werden noch weitere sexuelle Vergehen aufgeführt.

[29] http://juedisches-recht.org

[30] Befreiung von einer Vorschrift

[31] Anmerkung 156: Verkehr mit der Frau während der Reinheitstage nach der Geburt; die Menstruation gilt dann als aufgehoben, selbst wenn sie Blutfluss bemerkt; verdreht nach 3. Mose 12,4.

[32] Hulin 109b. GS. Bd. XI, S. 333-334. Nach Qiddushin 41a, Anmerkung 4, Sibutha, Name eines Fisches, vom Ge-

Anschließend noch ein Beispiel, das für viele andere spricht:

Sabbath 83b: „*Rabbi Abadboj . b. Ami fragte: Wie verhält es sich mit einem Götzen kleiner als eine Olive? ... Ein solcher ist nicht geringer als die Fliege, der Schutzgott von Ekron.* (Baal-Sebub) *Dies lehrt, dass ein jeder das Abbild seiner Gottheit fertigte und sie in die Tasche tat, und sobald er ihrer erwähnte, nahm er sie aus der Tasche und liebkoste und küsste sie... Es wird gelehrt: einem Götzen kleiner als eine Olive haftet überhaupt keine Unreinheit an ... ebenso ist der Götze nur in Olivengröße verunreinigend.*" [33]

Ein Ratschlag perfider und gotteslästerlicher Art findet sich in Qiddushin 40a:

„Sieht jemand, dass sich der böse Trieb seiner bemächtigt, so gehe er nach einem Orte, wo man ihn nicht kennt, hülle sich schwarz ein und folge dem Triebe seines Herzens. Aber er entweihe nicht den Namen des Himmels öffentlich."[34]

Kein Wunder, dass Jesus Menschen, die solche Heuchelei begehen, als „ehebrecherisches Geschlecht" bezeichnete:

Matthäus 12,39: „... Er aber antwortete und sprach zu ihnen: Ein böses und ehebrecherisches Geschlecht begehrt ein Zeichen, und kein Zeichen wird ihm gegeben werden, als nur das Zeichen Jonas', des Propheten."

Markus 8,38: „Denn wer irgend sich meiner und meiner Worte schämt unter diesem ehebrecherischen und sündigen Geschlecht, dessen wird sich auch der Sohn des Menschen schämen, wenn er kommen wird in der Herrlichkeit seines Vaters mit den heiligen Engeln."

---

schmack des Schweines; wahrscheinlich der Stör, der von den alten Schriftstellern „Porcus marinus" (Meerschwein) genannt wird.

[33] Sabbath 83b. GS. Bd. I, S. 683. Vgl. hierzu Jud 1,8: Ebenso sind auch diese Träumer, die ihr Fleisch beflecken, jede Herrschaft verachten und die himmlischen Mächte lästern.

[34] Qiddushin 40a. GS. Bd. VI, S. 641

C. Jesus und die Auseinandersetzung mit den Pharisäern

In den oberen Abschnitten wurde deutlich, wie mit dem Thema Sexualität, Ehe und Ehescheidung im talmudischen Pharisäertum umgegangen wurde. Diese Sichtweise und Praxis im jüdischen Alltag mit all ihren Folgen kannte Jesus aus eigener Anschauung. Dies wird besonders deutlich, wenn man sich das Kapitel 23 des Matthäusevangeliums ansieht. Er sah den ganzen Jammer des Volkes und besonders auch das Elend vieler der betroffenen Frauen. Er durchbrach immer wieder bewusst die unzähligen verkrusteten und menschenverachtenden Gebote der talmudischen Pharisäer und Schriftgelehrten. Deshalb zog er auch den tödlichen Hass dieser Leute auf sich. Wir können an vielen Stellen lesen, wie sie ihm immer wieder nach dem Leben trachteten und er schließlich am Kreuz hingerichtet wurde.

In den Kapiteln 5 und 19 des Matthäusevangeliums werden wir nun insbesondere mit der Frage der Pharisäer „Ehescheidung aus **irgendeinem beliebigen Grund**" und der Wiederheirat konfrontiert. Den Hintergrund dazu finden wir in den folgenden Texten:

Matthäus 19,3: *„Da traten* ***Pharisäer*** *zu ihm und* ***versuchten*** *ihn und sprachen: Ist's erlaubt, dass sich ein Mann aus irgendeinem (****aus jedem beliebigen****) Grund von seiner Frau scheidet?"*

Es ging in diesem Vers zuerst einmal ausschließlich um die Anfrage der Pharisäer. Sie waren an der Frage nach einer Scheidung bei Ehebruch überhaupt nicht interessiert, das war keinesfalls ein Problem für sie. Es war ihnen als eine Selbstverständlichkeit bekannt, dass eine Ehescheidung wegen Ehebruch sowohl nach der Thora wie auch nach den talmudisch- pharisäischen Gesetzen erlaubt, beziehungsweise sogar geboten war. Ihre Fangfrage an Jesus war die Erlaubnis zur **„Scheidung aus irgendeinem beliebigen Grund"**. Diese „beliebigen" Gründe sind im Abschnitt „Scheidungsgründe im Talmud" ausführlich dargelegt.

Jesus antwortet weder mit „Ja" (etwa im Sinn der Schule Hillels) noch mit „Nein." Er verweist vielmehr auf den ursprünglichen Plan Gottes: Nachdem Mann und Frau sich für ihre Ehe von ihrem Elternhaus loslösen, aneinander hängen und eine neue Einheit als „ein Fleisch" werden, sollen sie das von Gott Zusammengefügte nicht trennen.[35]

Die Pharisäer wollten ihn offensichtlich nach talmudischer Art und Weise in eine spitzfindige Diskussion verwickeln, ähnlich, wie dies im Talmud tausendfach zu lesen ist. Mit ihrer Fragestellung wollten sie Jesus auf hinterlistige Weise eine Falle stellen. Wahrscheinlich wollten sie die Ansichten der anderen talmudischen Schulen gegeneinander ausspielen. Er ging jedoch mit keinem Wort auf ihre Frage nach der „Beliebigkeit einer Entlassung" ein, sondern rückte die im Volk Israel übliche Scheidungspraxis der Pharisäer nach der „göttlichen Rechtsordnung" zurecht.

Die Pharisäer erwähnten dabei bewusst nur die **halbe Wahrheit** der damaligen pervertierten Scheidungspraxis. Sie redeten lediglich vom Scheidebrief, **welchen jedoch nur ein Mann ausstellen konnte**. Dahinter steckte aber für sie der Freibrief, anschließend eine neue Ehe eingehen zu können, die möglicherweise schon vorher klug geplant war. Ein Jude war ja verpflichtet, nicht unverheiratet zu bleiben.

Jesus zeigte ihnen, was Ehe vor Gott in Wahrheit bedeutet, und hielt ihnen einen Spiegel für ihr Verhalten vor. Schon in Matthäus 5,20 greift er, ähnlich wie Johannes der Täufer, die Pharisäer und Juden an. Er weist darauf hin, dass sie selbst alle zur Kategorie der Ehebrecher gehören.

Matthäus 5,27-32: „Ihr habt gehört, dass gesagt ist: Du sollst nicht ehebrechen. 28 Ich aber sage euch, dass ***jeder, der ein Weib ansieht, ihrer zu***

[35] Steffen Denker, Bibelbund

begehren, schon Ehebruch mit ihr begangen hat in seinem Herzen*. 31 Es ist aber gesagt: Wer irgend sein Weib entlassen wird, gebe ihr einen Scheidebrief. 32* ***ICH*** *aber sage euch: Wer irgend sein Weib entlassen wird,* ***außer auf Grund von Hurerei, macht, dass sie Ehebruch begeht****;* ***und wer irgend eine Entlassene heiratet, begeht Ehebruch.*** *"*

Eine **willkürliche Scheidung** lässt in jedem Fall schuldig werden: „… der macht, dass sie die Ehe bricht" könnte auch mit „… er macht, dass die Ehe mit ihr gebrochen wird" übersetzt werden.[36]

Die Formulierung Jesu mit der Ausnahmeregelung in Vers 32 ist gebräuchliche jüdische Terminologie; sie findet sich im Talmud an ungezählten Stellen. Das war die Sprache des talmudischen Pharisäertums. An diese Adresse richtete ER seine Worte – die Pharisäer waren schließlich die Fragesteller. Die Parallelstelle dazu findet sich in den folgenden Versen:

Matthäus 19,3-9: „Da traten ***Pharisäer*** *zu ihm und versuchten ihn und sprachen:* ***Ist's erlaubt, dass sich ein Mann aus irgendeinem Grund von seiner Frau scheidet****? 4 Er aber antwortete und sprach: Habt ihr nicht gelesen: Der im Anfang den Menschen geschaffen hat, schuf sie als Mann und Frau, 5 und sprach (1. Mose 2,24) »Darum wird ein Mann Vater und Mutter verlassen und an seiner Frau hängen, und die zwei werden ein Fleisch sein«? 6 So sind sie nun nicht mehr zwei, sondern ein Fleisch. Was nun Gott zusammengefügt hat, das soll der Mensch nicht scheiden! 7 Da fragten sie: Warum hat dann Mose* ***geboten****, ihr einen Scheidebrief zu geben und sich von ihr zu scheiden? 8 Er sprach zu ihnen: Mose hat euch* ***erlaubt****, euch zu scheiden von euren Frauen, eures Herzens Härte wegen; von Anfang an aber ist's nicht so gewesen. 9 Ich aber sage euch: Wer sich von seiner Frau scheidet,* ***es sei denn wegen Ehebruchs****, und* ***heiratet eine andere, der bricht die Ehe****."*

---

[36] Ehescheidung und Wiederverheiratung, Alfred Schweiger

Die Pharisäer betrachteten das Wort des Moses schon mehr als eine allgemeine Aufforderung, während Jesus dies nur als eine gerade noch erlaubte Möglichkeit in Sonderfällen ausweist. Jesus wies darauf hin:

Matthäus 5,28: „Ich aber sage euch: Wer eine Frau ansieht, sie zu begehren, der hat schon mit ihr die Ehe gebrochen in seinem Herzen."

An dieser Stelle gibt Jesus ganz klare Anweisungen zu diesem Thema und zeigt den Pharisäern und allen Menschen, dass **keiner in dieser Frage ohne Schuld** vor Gott ist. Dasselbe findet seine Entsprechung bei der Ehebrecherin in Johannes Kapitel 8. Auch bei dieser Begebenheit müssen die Pharisäer und Ältesten beschämt den Platz verlassen. Jesus befreit diese Frau von ihrer Schuld und schenkt ihr einen neuen Anfang.

Dass die laxe Scheidungspraxis im Volk damals üblich und verankert war, zeigt auch das verunsicherte Verhalten der Jünger:

Matthäus 19,10: „Da sprachen seine Jünger zu ihm: Steht die Sache eines Mannes mit seiner Frau so, dann ist's nicht gut zu heiraten."

Das ist von der damaligen – und leider auch von der heutigen – Scheidungspraxis her leicht verständlich: Sie werden, was sie betrifft, zu unbedingter Treue verpflichtet. Sie dürfen sich nicht *von sich aus* scheiden und jemanden anderen heiraten! Aber dass man sich zu künftiger Ehelosigkeit verpflichten soll, nur weil der Partner nicht mehr treu sein will, kann aus den Worten Jesu nicht herausgelesen werden.[37]

Ehescheidung, **„aus irgendeinem beliebigen Grund"** so wie es im talmudischen Pharisäertum an der Tagesordnung war, lehnte unser HERR zu Recht ab. Er wischte diese ganze scheinheilige Argumentation und Praxis der Pharisäer und Schriftgelehrten vom Tisch. Er zeigte ihnen den ursprünglich von Gott angelegten Plan für die Ehe nach seinem Willen,

[37] Ehescheidung und Wiederverheiratung, Alfred Schweiger

ohne jedoch seine unermessliche Gnade dabei auszuklammern.

Grundsätzlich gilt: *Matthäus 5,27: „Ihr habt gehört, dass gesagt ist:* ***Du sollst nicht ehebrechen!***"[38] *Matthäus 19,6: „So sind sie nun nicht mehr zwei, sondern ein Fleisch.* ***Was nun Gott zusammengefügt hat, das soll der Mensch nicht scheiden!***"

Jesus beschreibt jedoch in beiden Textstellen in den Kapiteln 5 und 19 die **einzige Ausnahmesituation**, wo einer Wiederheirat nichts entgegensteht: im Falle von **Ehebruch**.

*Matthäus 19,9: „****Ich aber sage euch: Wer sich von seiner Frau scheidet, es sei denn wegen Ehebruchs, und heiratet eine andere, der bricht die Ehe.***"

Das heißt nach einem normalen Sprach- und Sinnverständnis, dass wenn die unschuldigen Personen, deren Partner die Ehe gebrochen haben, wieder heiraten, keinen Ehebruch begehen. Jesus hebt also die „Notverordnung", die Gott Mose gegeben hat, keineswegs auf. Im Gegenteil, Er bestätigt sie ausdrücklich im Falle von Ehebruch.

Eine entlassene Frau hatte damals schon aus wirtschaftlichen Gründen überhaupt keine andere Wahl, als sich wieder zu verheiraten, wenn dies überhaupt möglich war, oder sie landete wie die Frau am Jakobsbrunnen bei wechselnden Partnern. Diese Frau könnte auch eine mehrfach Entlassene gewesen sein. Sicher konnte eine Entlassene auch nicht immer in ihren elterlichen Familienverband zurückkehren. Den gab es vielleicht gar nicht mehr. Sie hing dann buchstäblich in der Luft. Die Wiederheirat wurde ja nach talmudischer Lehre sogar gefordert; nach der Aushändigung des Scheidebriefes war sie frei wieder zu heiraten. Sie sollte allerdings eine Frist von drei Monaten wegen einer eventuell bestehenden Schwangerschaft einhalten.

---

[38] 2. Mose 20,14

Fazit

Jesus war genauestens über die spitzfindigen und heimtückisch konstruierten Trennungsgründe, die der Talmud erlaubte, im Bild. Er brachte durch seine Rede und Antwort an die Pharisäer das von ihnen im Talmud deformierte und aufgelöste Gebot des Schöpfers wieder zur göttlichen Ordnung.

Was jedoch bei unserem HERRN deutlich wird: Er legte den Menschen, auch schuldig gewordenen, keine neuen Lasten auf. Er verdammte weder die Ehebrecherin (Johannes 8) noch die Frau am Jakobsbrunnen (Johannes 4). Im Handeln und Reden Jesu offenbart sich die gnädige Barmherzigkeit unseres HERRN, ebenfalls auch sein barmherziges, gesundes und praktisches Empfinden und Denken. Er verharmlost weder die Sünde, noch stülpt er den Menschen ein hartes und unbarmherziges Gesetz über.

Ehescheidung und Wiederheirat aus praktisch-seelsorgerlicher Sicht

Fragen und Antworten

Von Thomas Jettel, Dättlikon (Schweiz)

A. Vorbemerkungen

Das Thema „Ehescheidung und Wiederverheiratung" gehört zu den schwierigsten Bereichen christlicher Lehre. Ein Hauptgrund dafür ist der, dass die Bibel nicht alle möglichen Grenzfälle behandelt, die heute auftreten mögen. Es gibt unter Christen verschiedene Auffassungen darüber, ob und in welchen Fällen es erlaubt ist, nach einer Scheidung eine zweite Ehe einzugehen. Wir meinen aber, dass die Bibel klare Grundprinzipien aufzeigt, die helfen können, für bestimmte Fälle klare Lösungen zu finden. Jede Gemeinde hat die Verantwortung, an Hand der biblischen Grundprinzipien jeden Fall gesondert zu beurteilen.

Zu Anfang dieser Ausführungen seien an den geneigten Leser zwei Bitten gerichtet. Zum einen möge er Barmherzigkeit und Mitleid walten lassen, falls die dargestellten Ausführungen nicht seinen bisherigen Auffassungen entsprechen. Unser Wissen und unsere Erkenntnis ist Stückwerk. Dessen sind wir uns nur zu sehr bewusst. Wir mögen also irren. Zum anderen möchte der Leser uns in gutem Willen die Hand reichen und ein wenig Vertrauensvorschuss geben, damit wir eine Gelegenheit haben, die Argumente darzulegen, die dem gegenwärtigen Stand unserer Erkenntnis in dieser Frage entsprechen. Und er möchte in dieser Gesinnung die Argumente in Ruhe bedenken. Falls er nach ausreichender Zeit des Bedenkens Argumente hat, die unsere Auffassung eindeutig widerlegen, möchte er so freundlich sein uns diese mitzuteilen, damit auch wir zu vermehrter Erkenntnis kommen. Der Autor dieses Artikels ist gerne bereit, seine derzeitige Auffassung in dieser Frage zu revidieren, wenn es berechtigte Gründe dazu gibt.

B. Allgemeine Fragen

Wann beginnt eine Ehe?

1. Mose 2,24: „Darum wird ein Mann seinen Vater und seine Mutter verlassen und seiner Frau anhangen, und sie werden zu einem Fleisch werden".

Die Ehe wurde als lebenslange Beziehung gestiftet. Sie ist gegründet auf einem Bund (Sprüche 2,17; Maleachi 2,14f), einem Eheversprechen, das lebenslange Gültigkeit hat.

Eine Ehe aus biblischer Sicht beginnt, wenn drei Voraussetzungen gegeben sind:

a) Öffentliches Verlassen der Eltern (von der Gesellschaft öffentlich anerkannt und durch Gesetze geregelt). Die Ehe wird durch dazu befugte Personen öffentlich geschlossen. Je nach Kultur sind diese die Eltern, die Stammesältesten, die Kirche, die Obrigkeit. Es werden unter Anwesenheit von Zeugen Gelöbnisse abgelegt, die nicht mehr gebrochen werden dürfen.

b) Permanentes Anhangen (Liebe, Anhänglichkeit, Hingabe, die zu einem Bund gehört, der eingegangen wird.)

c) Ein Fleisch Werden (geschlechtliche Vereinigung). Die Partner werden ein Fleisch, was auch beinhaltet, dass sie nunmehr eine neue Einheit und in gewisser Hinsicht Blutsverwandte geworden sind. (Vgl. 3. Mose 18.)

Der geschlechtliche Umgang alleine (ohne öffentlich-rechtliches Verlassen und Anhangen) ist noch kein Eheschluss, sondern unrechtmäßig und sündhaft. Die Bibel nennt geschlechtlichen Umgang außerhalb der Ehe „Unzucht" (1. Korinther 7,2). Es kann bei einer solchen Handlung nicht von Ehevollzug gesprochen werden.

Die Frau am Jakobsbrunnen war mit dem Mann, mit dem sie zusammenlebte, keineswegs verheiratet. Obwohl sie mit ihm geschlechtlichen

Umgang hatte, war er dennoch nicht ihr Mann, und sie war nicht seine Frau (Johannes 4,16).

Das Ehebündnis ist ein Bund der Treue. Beide Partner versprechen sich gegenseitig, auf Lebenszeit einander treu zu bleiben. Dieses Eheversprechen ist bis zum Tod bindend (1. Korinther 7,39; Römer 7,1.2).

Was ist Ehebruch?

„Ehebrechen" (Matthäus 5,27.28.32; 19,18; Markus 10,19; Lukas 16,18; 18,20; Johannes 8,4; Römer 2,22; 13,9; Jakobus 2,11; Offenbarung 2,22) ist Verstoß gegen das siebtente Gebot. Dadurch wird das Treuegelöbnis gebrochen. Allerdings ist das Eheband damit noch nicht automatisch gelöst. Ein gebrochenes Treuegelöbnis kann wiederhergestellt werden. Gelöst wird das Bündnis erst durch die Scheidung.

Eine Ehebrecherin ist eine Frau, die „eines anderen Mannes wird", während sie noch mit dem ersten verheiratet ist (Römer 7,2.3; 2. Petrus 2,14). Die Trübung der Beziehung des Volkes zu Gott wird im AT „Ehebruch" genannt (Jeremia 3,9; 9,1; Hesekiel 16,32-38; Jakobus 4,4). Gottes Volk war ein ehebrecherisches Geschlecht, obwohl es noch im „Ehebund" mit Gott stand. Die Ehe bestand also noch – trotz Ehebruch.

Ein Ehebrecher ist ein Verheirateter, der mit einem anderen Partner geschlechtlichen Umgang hat.

Ehebruch zu begehen heißt, außerhalb der Ehe geschlechtlichen Umgang zu haben, während man verheiratet ist. Bei der Frau wird das Wort passiv gebraucht. Mit einer Frau w i r d Ehebruch b e g a n g e n. (Vgl. Matthäus 5,32 und 19,9: Er „macht, dass die Ehe mit ihr gebrochen wird" bzw.: „macht, dass sie eine wird, mit der die Ehe gebrochen wird".) Beim Mann wird das Wort aktiv gebraucht (z. B. Offenbarung 2,22), manchmal auch bei der Frau (Markus 10,12; griech. Form: Medium [Sich-Form]).

Wann hört die Ehe auf, eine Ehe zu sein? Beendet Unzucht eine bestehende Ehe?

Außerehelicher Beischlaf bedeutet noch nicht das Ende einer bestehenden Ehe. Man hat das Treueversprechen gebrochen; die Ehe besteht noch so lange fort, bis die Ehe geschieden wird.

Das Begehren außerehelichen Beischlafs ist Sünde, genauso wie die Tat selber (Matthäus 5,27.28). Wer diese Sünde begeht, ist des Ehebruchs schuldig. Dennoch bleibt die bisherige Ehebeziehung bestehen. Beide Arten des Ehebruchs, die des faktischen und des gedanklichen, sind grundsätzlich revidierbar. Die Sünde beendet das Ehebündnis nicht. Vergebung und Bundeserneuerung sind möglich und nötig.

Dass die Ehe trotz Treuebruch weiterhin besteht, ist auch erkennbar an der Beziehung Gottes zu Israel im AT. Andernfalls hätte Israel schon ab dem ersten Verstoß gegen das erste Gebot seinen Bund mit Gott verwirkt. Es wäre unterschiedslos in die Reihe der übrigen Völker zurückversetzt worden. Das geschah jedoch nicht (Vgl. Jeremia 3; Hesekiel 16; Hesekiel 23). Gott betrachtete seinen Bund mit Israel auch nach dessen Versagen noch als bestehend. Aufgehoben wird der Ehebund, nachdem Ehebruch stattgefunden hat, durch die Scheidung.

Was ist Scheidung (Entlassung)?

Scheiden bedeutet trennen – und sich getrennt halten[39]. Die Bibel kennt keine Unterscheidung zwischen Trennung und rechtlicher, juristischer

[39] Vgl. 1. Korinther 7,15: "... trennt ‹und sich getrennt hält›, trenne er sich ‹und halte sich getrennt›": Die griechische Gegenwartsform des zweimal vorkommenden Zeitwortes für trennen" (vor allem im zweiten Fall, wo es sich um eine Befehlsform im Präsens handelt) erfordert eine solche Übersetzung, denn es handelt sich um eine länger andauernde Handlung.

„Scheidung".[40]

Gott hat die Ehepartner dazu berufen, in Einheit und Harmonie zusammen zu wohnen. Ein wesentlicher Bestandteil der Ehe ist die Gemeinschaft der Ehepartner. Dass diese wieder voneinander getrennt werden, ist in keinem Fall gottgewollt. Was Gott zusammengefügt hat, soll der Mensch nicht trennen (Matthäus 19,6).

In 1. Korinther 7,10 gebietet der Herr ausdrücklich, dass eine Frau sich nicht vom Mann scheiden lassen soll. Dasselbe gilt für den Mann: „... und dass ein Mann seine Frau nicht entlasse." (1. Korinther 7,11). Daraus ergibt sich klar, dass jede Scheidung eine sündige Handlung ist. Gott will, dass die Ehepartner harmonisch und in Liebe zusammen wohnen (Epheser 5,22-33; Kolosser 3,18-19; 1. Petrus 3,1-7; Sprüche 2,17; 5,15-20 u. a.).

Die Ehe an sich ist zwar als lebenslängliche Einrichtung gedacht und eingesetzt worden, sie ist aber nicht in dem Sinne unauflöslich, dass es keine *Möglichkeit* gibt, das Eheverhältnis zu beenden. Ein auf Lebenszeit geschlossenes Eheversprechen kann – leider – gebrochen werden, wie auch ein sonstiges Treuegelöbnis durch Untreue gebrochen werden kann. Es besteht also trotz des göttlichen Gebotes die Möglichkeit, sündhaft eine Ehe aufzulösen und eine neue zu schließen. Wer seine erste Ehe sündhaft beendet hat und eine neue geschlossen hat, hat damit seine erste Ehe aufgelöst. Sie existiert nicht mehr.

Die Tatsache, dass Gott Scheidung hasst, darf nicht so aufgefasst werden, dass deshalb eine Ehe nicht geschieden werden *kann*. Gott hasste die Sitte, dass jüdische Männer ihre (ersten) Frauen entließen, mit der Absicht, jüngere Frauen zu heiraten (Maleachi 2,16). Das heißt aber nicht, dass

---

[40] Gordon D. Fee (in: The International Commentary on the New Testament, The First Epistle to the Corinthians, Michigan, 1991, S. 290ff.) zeigt auf, dass zwischen (dauerhafter) Trennung und Scheidung kein Unterschied besteht. Es macht letztlich vor Gott keinen Unterschied, ob juristische Schritte unternommen wurden oder nicht. Dauerhafte Trennung ist Scheidung. Eine Trennung konnte in der griechisch-römischen Kultur durch bestimmte Dokumente „legalisiert" werden. Meistens aber geschah sie einfach. Der eine Partner verließ den anderen bzw. der andere entließ den einen, schickte ihn fort (meist der Mann die Frau, V. 11.12; aber gemäß V. 13 – zwar bei Juden nicht erlaubt, aber bei Heiden möglich – war es auch umgekehrt möglich).

Scheidung im Alten Testament in keinem Fall „erlaubt“ war. In 5. Mose 24,1-4 war zugelassen worden, dass der Ehemann seiner Frau einen Scheidebrief geben konnte, wenn er etwas „Anstößiges“ oder „Schamwürdiges“ an ihr gefunden hat. Diese Stelle ist nicht eine Aufforderung zur Scheidung, wohl aber eine Zulassung.

Was ist dieses „Anstößige“ oder „Schamwürdige“? Nach der Aussage des Herrn Jesus in Matthäus 5 und 19 ist das „Schändliche / Schamwürdige“, weswegen ein Jude seine Frau entlassen durfte, *Unzucht*[41] des Partners; denn in diesem Fall hatte der Partner die eheliche Treue bereits gebrochen. Was Jesus sagen will, ist lediglich, dass ein Scheidebrief nur dann gestattet ist, wenn der Partner Ehebruch begangen hat. (Siehe dazu unten.)

Wie war es im Alten Testament? Galt die Ehe als unauflöslich?

Jesus Christus tritt in der Bergpredigt der rabbinischen Behandlung des Gesetzes im Volksunterricht entgegen. Er gibt eine Auslegung des Gesetzes, die die herkömmliche Auslegung überbietet. Es geht in Matthäus 5,27-32 um die Frage: Wer übertritt das 7. Gebot („Du sollst nicht ehebrechen“; nach anderer Zählung oft auch als 6. Gebot bezeichnet)? In Matthäus 5,31.32 erklärt der Herr die Schärfe des 7. Gebotes in Bezug auf die Ehe. Es verbietet jede eheliche Untreue. Außerehelicher geschlechtlicher Umgang eines Verheirateten ist „Ehebruch“, d. h., Bruch des ehelichen Treuegelöbnisses, ein Vergehen gegen das 7. Gebot.

Im Alten Testament stand auf solches Vergehen wie auf alle schlimmen sexuellen Vergehen die Strafe der Steinigung bzw. Ausrottung aus Gottes Volk (3. Mose 18, 29; 20, 10; vgl. Johannes 8, 5). Durch die Steinigung des Schuldigen wurde die Ehe beendet.

---

[41] Unzucht ist jeder geschlechtliche Umgang außerhalb der Ehe, 1. Korinther 7,2. Im Judentum gab es bei Ehebruch des Partners zwei Möglichkeiten: Steinigung (die in neutestamentlicher Zeit nicht mehr ausgeführt wurde) oder Scheidebrief.

In neutestamentlicher Zeit wurde diese Strafe nicht mehr ausgeführt. (Die Römer erlaubten sie auch nicht.) Der betrogene Ehemann konnte seiner Ehefrau im Falle einer unzüchtigen Handlung ihrerseits den Scheidebrief ausstellen und seine Frau fortschicken. Ab diesem Zeitpunkt galt sie nicht mehr als seine Ehefrau. Die Ehe galt als aufgelöst. Würde der Mann danach eine andere Frau heiraten, würde er dabei nicht gegen das 7. Gebot verstoßen.

Eine jüdische Frau, die im Alten Testament durch den Scheidebrief entlassen wurde und einen anderen heiratete, war so völlig von ihrem Mann getrennt, dass sie im Fall einer abermaligen Scheidung jeden beliebigen anderen Mann heiraten durfte, nur nicht mehr ihren ersten Mann (5. Mose 24,4). 5. Mose 24 beweist also, dass das eheliche Band zu ihrem ersten Mann während ihrer Ehe mit dem zweiten Mann n i c h t m e h r fortbestand.

In 5. Mose 24 geht es nicht um die Frage, ob Gott Scheidung und Wiederheirat gutheißt. (Diese Frage ist bereits geklärt. Er heißt sie nicht gut. Er hasst Scheidung; Maleachi 2, 16) Aber es geht um die Frage, ob in gewissen Fällen *das eheliche Band aufgelöst* werden kann. Und 5. Mose 24 beweist, dass es Fälle gibt, in denen eine Ehe aufgelöst wird. Die Tatsache, dass die geschiedene und durch die neue Ehe „verunreinigte“ Frau nicht mehr zum ersten Mann zurückkehren kann, zeigt, dass jene erste Ehe nicht mehr gültig ist. Würde das erste Ehegelöbnis noch bestehen, müsste die „verunreinigte“ Frau zum ersten Mann zurückkehren. Aber genau das wird ihr verboten. Und in Esra 10,2ff wird die Eheauflösung sogar geboten. Folglich kann die Ehe an sich nicht unauflöslich sein.

Wenn also im AT der Ehebrecher gesteinigt wurde, war der unschuldige Teil frei, wieder zu heiraten. Dieselbe Freiheit besteht auch im NT. Wenn der Ehebrecher (unbußfertig) im Ehebruch weiterlebte, war der unschuldige Teil vor die Frage gestellt, was er nun tun sollte. Versöhnung war durch die Unbußfertigkeit des Ehebrechers nicht möglich. Und die Ehe war durch

Ehebruch und Scheidung aufgelöst worden.

Vom Gesetz Mose her müssen Ehebrecher als „tot“ betrachtet werden. Und wenn der ehebrecherische Partner tot ist, ist der andere von dem ehemaligen Ehepartner frei.

Aber heißt es nicht, dass der Mensch das, was Gott zusammengefügt hat, nicht trennen darf?

Doch. Er soll und darf nicht, siehe Matthäus 19,6. Trennung des Ehebandes ist nicht in Gottes Willen. Aber die Frage ist nicht, ob der Mensch das, was Gott zusammengefügt hat, nicht trennen *darf* (oder *soll*), sondern ob er es nicht trennen *kann.* Wenn Gott gebietet, dass das, was er zusammengefügt hat, nicht getrennt werden soll, so bedeutet dies nicht, dass der Mensch nicht die Möglichkeit hat, gegen das Gebot zu verstoßen.

Ein Einwand lautet: „Die Fähigkeit, verbotenerweise Dinge oder Personen auseinanderzubringen, die zusammengehören, beweist nicht, dass diese dann, wenn man es getan hat, nicht mehr zusammengehören.“ Aber man sollte bedenken, dass jede geschlechtliche Vereinigung ein „Ein-Fleisch-Werden“ ist. Paulus schreibt an die Korinther (1. Korinther 6,16): „Oder wisst ihr nicht, dass der, der mit einer Unzüchtigen vereinigt wird, *ein* Leib [mit ihr] ist? – denn ‚es werden‘, sagt er, ‚die zwei zu *einem* Fleisch‘.“ Heiraten zwei Menschen, geloben sie sich lebenslang die Treue. Durch die geschlechtliche Verbindung werden Mann und Frau „ein Fleisch“. Diese Verbindung wird durch das lebenslange Treuegelöbnis geschützt. Wenn nun einer der Partner mit jemandem anderen „ein Fleisch“ wird, wird das Treuegelöbnis gebrochen. Tut der Partner nicht Buße, sondern trennt er sich von ihm (und hält er sich getrennt), so ist das eheliche Band zerstört und das, was verbunden (wörtl.: zusammengejocht) war, ist getrennt; denn das Band bestand ja in dem Treuegelöbnis und der daraus resultierenden Gemeinschaft. Dadurch, dass einer der beiden Partner dem anderen die Gemeinschaft aufgekündigt hat, ist das eheliche Treueband und die Gemeinschaft nicht mehr vorhanden. Man hat getrennt, was durch das Treuegelöbnis und die ausschließliche eheliche Gemeinschaft „zusammengejocht“ war. Wenn der untreue Partner sich nun durch ein Treuegelöbnis mit einer dritten Person verbunden (d. h.: sie geheiratet) hat, ist ein neues Band (ein neues „Joch“) entstanden. Nun ist der untreue Partner mit einer anderen Person zusammengefügt („zusammengejocht“). Die Heilige Schrift sagt nicht, dass diese zweite Ehe nicht gelte (vgl. 5. Mose 24). Und das erste Eheband ist zerstört. Was Gott dort „zusammengejocht“ hatte, hat der Mensch getrennt. Durch die Unzucht und die Aufkündigung der Gemeinschaft ist die erste Ehe aufgelöst.

Gott hasst Scheidung. Gibt es Fälle, bei denen Scheidung nicht Sünde ist?

Jesus erwähnt nur *einen* Fall: Unzucht: *„... außer aufgrund von Unzucht"* (Matthäus 5 und 19). Wer seine Ehefrau aus irgendeinem anderen Grund als Unzucht entlässt (das ist: ihr den Scheidebrief gibt), sündigt gegen das 7. Gebot („Du sollst nicht ehebrechen!"). Inwiefern?

- Erstens, weil er die eheliche Treue bricht; er will ja frei sein, um eine neue Ehe eingehen zu können;

- zweitens, weil er seine Frau dadurch in den Ehebruch treibt, denn sie wird sich um eine neue Eheverbindung bemühen;

- drittens, weil er den Mann, der die Geschiedene heiraten wird, dazu verleitet, gegen das 7. Gebot zu verstoßen, denn wer eine auf diese Weise Entlassene heiratet, begeht Ehebruch.

Gab es bei den Juden nach Scheidung die Möglichkeit der Wiederheirat? Und was sagt der Herr Jesus?

Bei den Juden gewährte der Scheidebrief das Recht zur Wiederheirat. Es galt die Meinung, der Scheidebrief löse die Ehe auf und berechtige dadurch zu einer Wiederheirat.[42]

Der Herr Jesus korrigierte: Der Scheidebrief, wenn nicht aufgrund von Unzucht gegeben, löst die Ehe keineswegs auf. Wer seine Frau entlässt, ist moralisch dafür verantwortlich, dass seine (verstoßene) Frau mit dem

[42]Vgl. Strack-Billerbeck, Kommentar zum Neuen Testament aus Talmud und Midrasch, München, 1974. Zitat: „An dem und dem Wochentag, an dem und dem Tage des ... Monats in dem und dem Jahr seit Erschaffung der Welt ... an dem und dem Ort habe ich, der Sohn des ... aus dem und dem Ort, aus eigenem Entschluss und freiem Willen und ohne jeden Zwang dich verabschiedet, entlassen und verstoßen, dich so und so, Tochter des und des, ... aus dem und dem Ort, die du vordem mein Weib gewesen bist. Und jetzt verstoße ich dich, dich so und so, Tochter des ..., aus dem und dem Ort, so dass du frei und dein selbst mächtig bist, zu gehen, um dich zu verheiraten an jedem beliebigen Mann, und niemand soll es dir wehren von diesem Tage an bis in Ewigkeit. Siehe, du bist erlaubt jedermann, und dies soll dir meinerseits sein das Schriftstück der Verstoßung und das Dokument der Scheidung und der Brief der Entlassung nach dem Gesetz Moses und Israels. .... als Zeuge. ... als Zeuge." Bd. I, S. 311f

Mann, der sie dann heiratet, gegen ihn, der sie verstieß, Ehebruch begeht.

Matthäus 5,32A etwas genauer: *„Wer seine Frau entlässt – außer aufgrund von Unzucht –, macht sie zu einer wird, mit der Ehebruch begangen wird."* Das heißt, er macht sie zur Ehebrecherin. Er zwingt sie aus dem Ehebund heraus und stellt sie als Entlassene in eine ehebrecherische Situation. Die Sünde des Ehebruchs findet in dem Moment statt, in dem sie eine neue Beziehung eingeht und den neuen Mann heiratet. Wer seine Frau verstößt (sich von ihr scheidet), macht, dass sie zu einer wird, mit der die Ehe gebrochen wird. D. h., er macht, dass sie eine wird, mit der jemand anderer gegen das 7.Gebot verstößt.

V. 32: *„Und wer eine Geschiedene heiratet, begeht Ehebruch"*, d. h. er trägt dazu bei, dass sie ihr Ehegelöbnis gegenüber ihren rechtmäßigen Mann bricht. Wer eine Geschiedene heiratet, ist daher ebenso schuldig, wie der, der sie entlassen hat. Die Frau selber ist eigentlich passiv, d. h., in ihre Ehe wird ehebrecherisch eingedrungen, sodass sie ihren ehelichen Treuebund bricht. *Sie* ist das Opfer. Ihr Mann hat ihr den Scheidebrief gegeben und sie damit in eine Situation gezwungen, die sie nun selber zu einer Frau werden lässt, mit der der neue Mann, der sie heiratet, gegen das 7.Gebot verstößt. Der neue Ehemann ist ein Ehebrecher, denn er hat eine Frau geheiratet, die eigentlich einem anderen gehört.

Scheidung an und für sich – ohne Unzucht – ist also *nicht* Auflösung der Ehe. Der Herr sagte (5,32): Jeder, der seine Frau entlässt, abgesehen von dem Fall, dass er es aus Anlass von Unzucht tut, macht sie zu einer, mit der Ehebruch begangen wird. Und wer eine Geschiedene heiratet, begeht damit Ehebruch. Man muss in 5,32 aufgrund der Ausnahmeklausel ergänzen: Und wer eine Geschiedene heiratet, die nicht aufgrund von Unzucht geschieden wurde, begeht durch die Heirat Ehebruch. Ihre (von Gott nicht anerkannte) Scheidung machte sie ja heiratsfähig. Wer eine solche heiratet, begeht Ehebruch.

C. Zu Matthäus 5 und 19

Schließt die Ausnahmeklausel in Matthäus 5,31.32 und 19,6-9 eine Wiederheirat ein oder nicht?

Matthäus 19,6-9: *„Sie sagen zu ihm: ‚Warum hat denn Mose geboten, einen Scheidebrief zu geben und zu entlassen?' Er spricht zu ihnen: Mose hat wegen eurer Herzenshärtigkeit euch gestattet, eure Frauen zu entlassen; von Anfang an aber ist es nicht so gewesen. Ich sage euch aber, dass, wer immer seine Frau entlassen wird, außer wegen Unzucht, und eine andere heiraten wird, Ehebruch begeht; und wer eine Entlassene heiratet, begeht Ehebruch."*

Das einzige „Schändliche", weswegen jemand seine Frau entlassen dürfte, ohne dadurch gegen Gottes Gebot zu verstoßen, wäre Unzucht des Partners; denn in diesem Fall hat der Partner das eheliche Treuegelöbnis bereits gebrochen.[43] Ein Scheidebrief ist also nur dann gestattet, wenn der Partner Ehebruch begangen hat. Erst eine Scheidung *wegen Unzucht* des Partners löst das Eheband auf.

Das Subjekt ist dasselbe. „Wer immer … entlässt und … heiratet, begeht Ehebruch". Der Mann, der sich scheiden lässt und neu heiratet, begeht Ehebruch. Jesus sagte nicht: „Wer immer seine Frau entlässt, begeht Ehebruch". Es ist nicht davon die Rede, dass das Entlassen alleine bereits Ehebruch sei.

Es heißt in dem Vers auch nicht: „Jeder Mann, der nach irgendeiner Scheidung eine andere heiratet, begeht immer Ehebruch, egal ob er seine eigene Frau wegen Unzucht entlassen hat oder aus einem anderen Grund."

Es wird nicht ein Unterschied gemacht zwischen solchen Männern, die ihre Frauen lediglich entlassen und dann ledig bleiben, *einerseits* und

---

[43] Freilich wird ein christlicher Partner alles versuchen, die Ehe wiederherzustellen. Der Weg zur Umkehr und Versöhnung soll offen gehalten werden. S. unten.

solchen Männern, die nach der Entlassung ihrer Frau eine andere heiraten, *andererseits*. Es geht um nur eine Kategorie von Männern, nämlich solchen, die nach der Entlassung ihrer Frau eine neue Ehe mit einer anderen eingehen. Ebenso in Matthäus 19,9; Markus 10,12 und Lukas 16,18.

Dass eine Geschiedene wieder heiratet, ist im Judentum der Normalfall. Mit der Entlassung wurde in Israel die Ehe aufgelöst. Daher wurde es als selbstverständlich angesehen, dass ein Mann, der seine Frau entlassen hatte, wieder heiratete. Es war also der Normalfall, dass Männer, die ihre Frau entließen, eine neue Ehe eingingen. (Vgl. 5. Mose 24,1-4.) Überhaupt kommt im AT und im Israel der neutestamentlichen Zeit das Ledigbleiben äußerst selten vor. Der Normalfall ist, dass ein Mann eine Frau hat.

In den Ausnahmeklauseln in Matthäus 5 und 19 ist also die Wiederheirat eingeschlossen: Ein Mann, der seine Frau entlässt, weil sie Unzucht begangen hat, verstößt nicht gegen das 7. Gebot, wenn er eine andere heiratet. Aber einer, der seine Frau entlässt, ohne dass sie Unzucht begangen hat, begeht Ehebruch, wenn er eine andere heiratet, – weil er vor Gott kein Geschiedener ist.

Ein Mann, der seine Frau entlässt, ohne dass sie Unzucht begangen hat, hat mit der Handlung der Entlassung allein noch nicht gegen das 7. Gebot verstoßen. Aber diese Entlassung ist gegen Gottes Willen, denn er sollte seine Frau lieben. Wenn er sie entlässt, bleibt sie seine Frau. Dadurch aber, dass er sie entlassen hat, treibt er seine Frau in den Ehebruch und macht sich selbst dadurch an ihrer Sünde mitschuldig. Sie wird durch ihre Entlassung zu einer, die gegen das 7. Gebot verstößt, nämlich in dem Moment, da sie eines anderen Mannes wird, was sie so gut wie sicher tun wird, da es in Israel nicht der Normalfall ist, nach einer Entlassung unverheiratet zu bleiben. (Vgl. 5. Mose 24.)

Wenn jemand den Ehebrecher entlassen und so seine Ehe auflösen kann, ohne dabei das 7. Gebot zu übertreten, kann er auch eine neue Ehe eingehen, ohne dabei das 7. Gebot zu übertreten. Er begeht nicht Ehebruch, wenn er eine neue Ehe eingeht, nachdem seine erste Ehe durch den Ehebruch des Partners und die Scheidung aufgelöst wurde.

Matthäus 19 sagt also: Viele (nicht alle!) Männer, die ihre Frauen entlassen und dann wieder heiraten, begehen damit Ehebruch und verstoßen gegen das 7. Gebot. Es gibt aber Fälle, bei denen es möglich ist, den Partner zu entlassen und dann wieder zu heiraten, ohne dabei gegen das 7. Gebot zu verstoßen: dann, wenn der Partner durch Unzucht selber gegen das 7. Gebot verstoßen hat.

Wer seine Frau wegen irgendeiner Ursache entlässt und eine andere heiratet, begeht Ehebruch. Wer sie aber wegen Unzucht entlässt [und eine andere heiratet], der begeht (durch seine Wiederheirat) nicht Ehebruch.

Ist eine solche Entlassung (Scheidung) im Fall von Unzucht des Partners eine endgültige Aufhebung der Ehe?

Ja. Wenn die Scheidung aufgrund des Ehebruchs eines der Partner zustande gekommen ist, ist die Ehe aufgelöst.

Ist eine Scheidung in anderen Fällen eine Aufhebung der Ehe?

Da Scheidung – wenn nicht aufgrund von Unzucht vollzogen – nichts anderes als die Trennung der verheirateten Partner bedeutet, kann damit die Ehe vor Gott nicht aufgehoben sein. In 1. Korinther 7,10.11 weist Paulus auf das Gebot des Herrn hin: „Den Verheirateten aber gebiete nicht ich, sondern der Herr, dass eine Frau sich nicht vom Mann scheiden lassen soll – wenn sie aber doch geschieden ist, so bleibe sie unverheiratet oder versöhne sich mit dem Mann – und dass ein Mann seine Frau nicht entlasse.“

Eine geschiedene Frau, die nicht aufgrund von Unzucht geschieden wurde, muss „unverheiratet" bleiben, weil die Ehe durch ihre Scheidung nicht aufgehoben wurde. Sie ist durch ihr Treuegelöbnis immer noch an den Mann gebunden. Würde jemand eine so Geschiedene heiraten, so würde er gegen das 7. Gebot verstoßen. Er würde in die noch bestehende erste Ehe einbrechen und diese durch einen Akt der Unzucht brechen. Dasselbe gilt für den Mann. (Siehe aber unten die weitere Ausnahme der sogenannten Mischehe bzw. Verstoßung des gläubigen Ehepartners durch den ungläubigen Partner, 1. Korinther 7, 12 ff.!)

Was, wenn einer der unrechtmäßig geschiedenen Partner Unzucht begeht?

Würde einer der beiden Partner Unzucht begehen, würde er damit das Treueversprechen brechen. Somit ist die Basis jener Ehe entzogen. Dann gilt, was bei Matthäus 5 und 19 oben besprochen wurde.

Wie ist es mit dem Ehebund Gottes mit seinem Volk? Kann er aufgelöst werden?

Das Bündnis Jahwehs mit dem Volk Israel im Alten Testament gilt als Vorbild für die Ehe. Es illustriert gut die eben angeführte Tatsache, dass eine Scheidung aufgrund von Unzucht die Ehe endgültig aufhebt:

Jahweh schloss am Sinai mit dem erlösten Volk Israel ein Bündnis, das an die Bedingung gegenseitiger Treue geknüpft war. Der Gesetzesbund war zweiseitig. Dieses Bündnis ist vergleichbar mit dem Bündnis der Ehe. Israel hat den Bund mit Jahweh des Öfteren gebrochen. Gott verstieß sein Volk nicht beim ersten Fall von Untreue. Er vergab, als Israel Buße tat. Er war sehr geduldig mit dem ehebrecherischen Volk. Er bestrafte Israel für seine Untreue, erhielt aber den Bund so lange wie möglich aufrecht.

Schließlich aber gab Gott dem Nordreich Israel den Scheidebrief (Jeremia 3,6-8). Der Bund mit Nordisrael war gebrochen. Israel verlor den Segen des Bundes, wurde gefangen weggeführt und löste sich in Assyrien auf. Das war das Ende Israels. Auch Juda brach den Bund so lange, bis Gott das Volk nicht mehr als sein Volk anerkannte und es der Hinrichtung preisgab. Vgl. Hesekiel 16,38-43.

Die Scheidung von Jeremia 3,8 war endgültig. Gott spricht dort im praktischen Sinne: Israel war vom HERRN weggelaufen und hatte gehurt (3,1). Dort ist von der *damaligen Generation* die Rede (2,31).[44] Nun kündigt ihr der HERR die Ehe auf. Wiederherstellung ist nicht mehr möglich (3,1; Hesekiel 14,12-20). Auch Fürbitte hilft nichts mehr (Jeremia 15,10.11).

Hosea 2,4: *„Rechtet mit eurer Mutter, rechtet! – denn sie ist nicht meine Frau, und ich bin nicht ihr Mann – damit sie ihre Unzucht von ihrem Gesicht entfernt und ihren Ehebruch zwischen ihren Brüsten."* Gott gab Juda auf. Das Eheband wurde aufgelöst.[45]

Das heißt aber nicht, dass damit die Verheißungen Gottes an die Väter aufgegeben wurden. Vgl. Römer 11. Gott erbarmte sich später wieder und handelte (aufgrund seiner bedingungslosen Verheißungen an die Erzväter) in Gnade an dem Israel der nachfolgenden Generation (Hosea 1-3). In Hosea 2,18ff. wird von der Umkehr der Hure berichtet. Die bußfertige Hure darf Gott wieder ihren Mann nennen. Das macht aber nicht ungeschehen, dass das Eheband in der Zeit der Unzucht durch Scheidung völlig aufgelöst gewesen war. Es existierte nicht mehr. Deshalb musste der Ehebund neu geschlossen werden. Eine neue Verlobung und Bundesschließung musste stattfinden (2,20.21): „Und ich schließe für sie an jenem Tag einen Bund ... 21 Und ich will dich mir verloben in Ewigkeit, und ich will dich mir ver-

---

[44] Jeremia 2,13: „Ihr, die [gegenwärtige] Generation, seht das Wort des HERRN! Bin ich [denn] für Israel eine Wüste gewesen oder ein Land tiefer Finsternis? Warum spricht mein Volk: Wir laufen umher, wir kommen nicht mehr zu dir?"

[45] Ähnlich war es 70 n. Chr.

loben in Gerechtigkeit und in Recht und in Gnade und in Erbarmen." (Vgl. 3,4.5).

Darf man als Geschiedener wieder heiraten? In welchem Fall ist eine Wiederheirat keine Übertretung gegen das 7. Gebot?

Wenn das erste Eheband durch das Geben des Scheidebriefes und die Wiederheirat des Mannes aufgelöst wurde, scheint eine Wiederheirat für den betrogenen Partner möglich. Es gibt kein Verbot, das dem unschuldigen Partner verbieten würde, eine neue Ehe einzugehen; denn das erste Eheband besteht nicht mehr. Wenn man nach einer Ehescheidung und Wiederheirat des Partners eine neue Ehe eingeht, bricht man die erste Ehe nicht, aus dem Grund, da diese bereits gebrochen ist. Bei der Wiederheirat wird also das 7. Gebot nicht übertreten.

Die jüdischen sozialen Gegebenheiten zwangen eine entlassene Frau zur Wiederheirat. Wenn sie nicht betteln gehen wollte, musste sie eine neue Ehe suchen. Die Hinweise aus den Formulierungen der Scheidebriefe, die uns überliefert sind, zeigen, dass es im damaligen Judentum als selbstverständlich angesehen wurde, dass eine Geschiedene wieder heiratete.[46]

Für Christen gilt: Wenn Scheidung wegen Ehebruch des Partners keine Übertretung des 7. Gebots ist, ist der unschuldige Partner frei, wieder zu heiraten, insofern die Versöhnung mit dem ersten Partner ernstlich angestrebt wurde und sich herausgestellt hat, dass Versöhnung unmöglich geworden ist.

[46] Vgl. Strack-Billerbeck, I, S. 311

Warum wird dann die Ausnahmeklausel in Markus 10,11f und Lukas 16,18 nicht erwähnt?

Markus 10,11: *„Wer seine Frau entlässt und eine andere heiratet, begeht Ehebruch gegen sie. 12 Und wenn sie ihren Mann entlässt und einen anderen heiratet, begeht sie Ehebruch."*

Lukas 16,18: *„Jeder, der seine Frau entlässt und eine andere heiratet, begeht Ehebruch; und jeder, der die von einem Mann Entlassene heiratet, begeht Ehebruch."*

Die Ausnahmeklausel wird nicht erwähnt, weil eine Ausnahme nicht immer erwähnt werden muss. Eine Ausnahme ist kein Widerspruch zur allgemeinen Regel.

Ein Beispiel: In Markus 8,12 sagt Jesus: „Kein Zeichen wird dieser Generation gegeben werden." Aber in Matthäus 12,39 gibt Jesus eine Ausnahme an: „Kein Zeichen wird dieser Generation gegeben werden, außer das Zeichen des Propheten Jona." Stehen die beiden Stellen im Widerspruch zu einander? Nein. Die Aussage in Matthäus 12,39 ist spezifischer als die in Markus 8,12. Die erste führt die Ausnahme an, die zweite nicht.

Ebenso ist es in Markus 10 und Lukas 16. Da wird die allgemeine Regel angegeben; Matthäus 19,9 und 5,32 geben zusätzlich die Ausnahme an, sind also spezifischer. Markus 10 und Lukas 16 behandeln den speziellen Fall, dass ein Ehemann seine Frau aufgrund von Unzucht entlässt, gar nicht. In Lukas 16,18 spricht der Herr den laxen Umgang jüdischer Männer mit Entlassungen ihrer Frauen an. Er sagt, solche Entlassungen sind Ehebruch. Von Entlassungen aufgrund von Unzucht ist weder in Markus 10 noch in Lukas 16 die Rede.

Würden wir nun sagen, der Christ hätte sich einfach an die engere Fassung (Markus 10; Lukas 16) zu halten, so würden wir mehr sagen wollen, als die Schrift sagt. Wenn der Herr in Matthäus 5 und 19 die Ausnahmen angibt, erweitert er die engere Fassung von Markus 10 und Lukas 16.

Es gibt in der Bibel viele Stellen, zu denen zuerst eine allgemeine Regel gemacht wird und dann anschließend – bzw. an anderen Stellen – Ausnahmen angegeben werden. Wir haben die Bibel als Einheit anzusehen. Die genannten Ausnahmen gelten daher in allen sie betreffenden Fällen.

Ein weiteres Beispiel für nachträgliche Ausnahmen: 2. Mose 20: Die Regel: „Du sollst nicht morden!" Die Ausnahme: wenn Gott es gebietet und Israel als Gerichtsrute Gottes handelt (z. B. anlässlich des Vernichtungskrieges gegen Israels Feinde unter Josua).

Jesus erwähnt die berechtigte Scheidung aufgrund des Willens des heidnischen Ehepartners (1. Korinther 7,15) ebenso wenig, wie Paulus die berechtigte Scheidung aufgrund von Unzucht des Partners (Matthäus 5,32) erwähnt. Beide ergänzen sich. Die jeweiligen Punkte wurden nicht angesprochen, weil das entsprechende Problem dort nicht zu Debatte stand. Beide Punkte sind aber alttestamentlich verankert, letzterer in 5. Mose 24,1-4 und ersterer in Esra 9,1; 10,3 sowie Nehemia 9,2; 10,29; 13,3.

Einschränkungen müssen nicht in jedem Text, der sich zum Thema äußert, genannt werden. Ausnahmen muss man nicht bei jedem Gespräch erwähnen. Dieses hier waren Gelegenheitsaussagen, nicht wissenschaftliche Abhandlungen.

Kehrt man die Sache um, schafft man einen Widerspruch, denn dann würde der HERR Jesus in Lukas 16 sagen, Scheidung (und Wiederheirat) sei ausnahmslos verboten, in Matthäus 5 und 19 aber, Scheidung sei in manchen Ausnahmefällen erlaubt. Wir haben die Schrift so aufzufassen und auszulegen, dass nicht Widersprüche hervorgerufen werden. Der Widerspruch löst sich sehr einfach auf: In Lukas 16,18 gibt der Herr die grundsätzliche Regel, in Matthäus 5 und 19 gibt er zusätzliche Details.

D. Exkurs: Andere Meinungen zu Matthäus 5 und 19

Heth[47] meint, die Ausnahmeklausel erlaube nicht die Wiederheirat. Seine Gründe sind folgende:

„Eine Wiederheirat gab es in der alten Kirche nicht. Es war nie Praxis der Kirche, dass Geschiedene wieder heiraten durften."

Dieses Argument ist nicht allzu stark, da auch die alte Kirche nicht in allen Fragen als Vorbild dient. Die Kirche hat in mehrfacher Hinsicht Irrtümer in der christlichen Lehre begangen. Abgesehen davon ist unser Wissen über die Praxis der alten Kirche bruchstückhaft.

„Sexuelle Sünden lösen eine Ehe nicht auf."

Heth meint: Die ursprüngliche Ein-Fleisch-Beziehung kann nicht rückgängig gemacht werden. Eine Ehe besteht nicht nur auf der Basis einer geschlechtlichen Beziehung. Es wäre daher inkonsequent zu sagen, die Ehe würde einzig und allein auf der Basis geschlechtlicher Untreue aufgelöst.

Antwort: Das ist richtig. Es wurde oben auch nicht behauptet, dass eine Ehe aufgrund von Unzucht bereits aufgelöst sei. Bevor es zur Scheidung kommt, sind Vergebung, Versöhnung und Bundeserneuerung möglich. Aber wenn der Ehepartner nicht bußfertig ist und sein unzüchtiges Verhältnis nicht aufgeben will, wird der Weg der Scheidung nicht ausgeschlossen.

Die Ausnahmeklausel wurde im jüdischen Zusammenhang gegeben. Für die jüdischen Hörer Jesu reichte ein einziger Fall von Unzucht aus, um der Ehe (durch Scheidebrief) ein Ende zu setzen. Der Christ weiß allerdings um die Möglichkeit – und Pflicht – der Vergebung und Versöhnung bei echter Reue und Umkehr.

„Die Reaktion der Jünger in Matthäus 19,9-12 zeigt, dass Jesus die Wiederheirat in jedem Fall verbot."

Heth: Die Reaktion der Jünger Matthäus 19,9-12 zeigt, dass es nicht möglich ist, jemals wieder aus einer Ehe auszutreten.

Antwort: Dieser Schluss ist nicht zwingend. Die Jünger könnten auch gemeint haben: Wenn die einzige Möglichkeit der Auflösung einer Ehe die Unzucht des Partners ist,

---

47. Heth in Divorce and Remarria W ge, Four Christian Views, H.W. House (Hrsg.), Illinois, 1990, S. 100ff.

dann ist es ratsam, lieber nicht zu heiraten.

„Lukas 16,18 und Markus 10,11f haben die Ausnahmeklausel nicht."

Das ist richtig. Wie oben bereits dargelegt, müssen Ausnahmen nicht jedes Mal gesondert erwähnt werden. Und wenn das Ehegelöbnis durch Unzucht des Partners gebrochen ist, kann man nicht sagen: Wer in einen bereits gebrochenen Ehebund eindringt (indem er eine so Geschiedene heiratet), bricht diesen Ehebund. Ein bereits gerissenes Band kann nicht zerrissen werden.

Die „Geschiedene", von der unser Herr in Lukas 16 und Markus 10 spricht, ist gemäß Matthäus 19 und Matthäus 5 eigentlich eine Nichtgeschiedene, also eine Immer-noch-Verheiratete, denn eine aus nicht rechtmäßigen Gründen Geschiedene ist nicht eine Geschiedene.

„Scheidung löst das eheliche Band nicht auf."

Heth meint: Mann und Frau werden durch die Heirat „ein Fleisch" (1. Mose 2,23.24; Epheser 5; 3. Mose 18,7.8). Scheidung löst das eheliche Band nicht auf, weil durch das Ein-Fleisch-Werden eine neue verwandtschaftliche Verbindung (3. Mose 18) entsteht. Verwandtschaft kann nicht aufgelöst werden. Meine Kinder bleiben mein Fleisch und Blut, auch wenn ich sie fortschicke und enterbe. Ein Mann kann sein verwandtschaftliches Band zu seiner Frau nicht auflösen.[48]

Antwort: Scheidung löst das eheliche Band auf, wenn sie aufgrund von Unzucht des Partners erfolgt ist. Heths Vergleich hinkt. Die Ehe ist nicht dieselbe „verwandtschaftliche Verbindung" wie die von Eltern und Kindern. Söhne und Töchter bleiben Söhne und Töchter, auch wenn sie alt geworden sind, und Eltern bleiben Eltern. Ehemann und Ehefrau bleiben zwar die Eltern ihrer Kinder, können aber aufhören, durch ein Treuegelöbnis verbundene Bündnispartner zu sein.

Und man müsste sich auch fragen, was „verwandtschaftlich" geschieht, wenn z. B. der Mann eine neue Ehe mit einer anderen Frau eingegangen ist? Bleibt die alte Ehe dennoch erhalten? Hat er dann gleichzeitig zwei Frauen? Hat eine wiederverheiratete Frau gleichzeitig zwei Männer, sodass sie mit beiden geschlechtlichen Umgang haben könnte, ohne dabei das 7. Gebot zu übertreten? Ist das die Lehre Gottes in 5. Mose 24,1-4 oder die Lehre Jesu in Matthäus 5 und 19?

---

[48] W. Heth in Divorce and Remarriage, a.a.O., S. 87

Nach der Aussage des Herrn in Matthäus 5 wird die Ehe, die jemand mit einer Geschiedenen eingeht, von Gott als rechtmäßig und gültig anerkannt, auch wenn dabei das 7. Gebot gebrochen wurde. Die neue Eheschließung bedeutet Ehebruch. Sie gilt aber als neue Ehe. Das Ein-Fleisch-Werden bedeutet nicht, dass die Beiden nie mehr getrennt werden könnten. Leider ist Trennung durch die Sünde des Ehebruchs und anschließende Scheidung möglich. In 1. Korinther 6,16 zeigt Paulus, dass selbst die Vereinigung mit einer Hure ein Ein-Fleisch-Werden ist. Das heißt aber nicht, dass man dadurch ein unauflösliches Band mit der Hure eingeht.[49]

J. C. Laney bemerkt richtig: „Die eheliche Blutsverwandtschaft hört mit dem Tod eines Partners auf, sodass man danach frei ist, z.B. die Schwester der verstorbenen Frau zu heiraten (3. Mose 18,18). Daher kann man die eheliche Blutsverwandtschaft nicht vergleichen mit der permanenten Blutsverwandtschaft unter Geschwistern.“[50]

E. Zu 1. Korinther 7

Ein Überblick über 1. Korinther 7

V. 1-9: Für die Unverheirateten: Das Ideal: Keine Ehe eingehen, unverheiratet bleiben! Die Einschränkung (V. 2): "Aber wegen der Unzucht habe jeder seine eigene Frau, und jede [Frau] habe [ihren] eigenen Mann."

V. 10.11: Für die Verheirateten (beide sind Christen): Das Ideal: Keine Scheidung, verheiratet bleiben! Verheiratete Paare sollen zusammen bleiben. Die Einschränkung: Wer sich getrennt hat, bleibe unverheiratet oder versöhne sich mit dem Partner.

V. 12-16: Für gemischte Ehen: Das Ideal: Keine Scheidung. Verheiratet bleiben! Die Einschränkung: Wenn der ungläubige Partner auf eine Scheidung besteht, ist der Bruder oder die Schwester nicht knechtisch gebunden. (Wie man sich im Falle des Ehebruchs des Partners zu verhalten

[49] Siehe dazu Th. R. Edgar in: Divorce and Remarriage, Four Christian Views, H. W. House (Hrsg.), Illinois, 1990, S. 176ff.

[50] Th. R. Edgar in: Divorce and Remarriage, a.a.O., S. 138

hat, das ist an dieser Stelle nicht das Thema.)

V. 17-24: Jeder bleibe in dem Stand, in welchem er gerufen wurde.

V. 25-38: Heiratsfähige Jungfrauen und junge Männer: Das Ideal: Ledig bleiben, um dem Herrn besser dienen zu können. Die Einschränkung: Heiraten. Wer heiratet, sündigt nicht.

V. 39.40: Für die Witwen: Das Ideal: In dem Stand des Unverheiratet-Seins bleiben. Die Einschränkung: Sie ist frei zu heiraten, aber es muss in dem Herrn geschehen.

7,10.11: Keine Scheidung für Christen!

„Aber die Verheirateten weise ich an – nicht ich, sondern der Herr –, dass eine Frau sich nicht vom Mann trenne (wenn sie sich aber auch getrennt haben sollte, bleibe sie unverheiratet oder versöhne sich mit dem Mann) und dass der Mann die Frau nicht verlasse ‹oder verstoße›."

Nicht trennen. Das ist der Idealfall. Der sündige Fall: Eine Trennung hat stattgefunden. Sie sollen unverheiratet bleiben oder sich wieder versöhnen. Eine neue Heirat ist nicht erlaubt. Das wäre Ehebruch, ein Vergehen gegen das 7. Gebot. (Der Gebrauch des Wortes „unverheiratet" bezeichnet den vorläufigen Zustand; er sagt nichts darüber aus, ob die Ehe bereits aufgelöst und ungültig ist oder nicht. Solange kein Ehebruch vorliegt, besteht das eheliche Band, auch wenn die beiden Partner voneinander getrennt leben.)

„... oder sie versöhne sich mit dem Mann" (der übrigens immer noch ihr Mann ist!) Die Frau, die ihren Mann entlässt bzw. von ihrem Mann getrennt lebt, darf nicht ihre momentane Lage als Vorwand für eine Wiederheirat nehmen.

Die Korinther fragten Paulus über die Ehe. Dürfen sich verheiratete Eheleute voneinander trennen? Paulus antwortet: Nein. Verheiratete sollen verheiratet bleiben. Scheidung ist ausgeschlossen. Und wenn sich ein Christ vom anderen Partner bereits getrennt hat, soll er unverheiratet bleiben oder sich mit dem Partner wieder versöhnen.

Was zu tun ist, wenn einer der beiden christlichen Partner Ehebruch begangen hat, ist nicht das Thema. Dieses Problem ist hier nicht angesprochen. 1. Korinther 7 behandelt einen solchen Fall nicht. Sicher ist: Paulus stimmt völlig mit der Lehre des Herrn überein: Scheidung ist für Christen nicht erlaubt. Und daher ist auch eine Wiederheirat nicht erlaubt. Der Ausnahme-Fall (Scheidung aufgrund von Unzucht des Ehepartners) ist nicht angesprochen. 1. Korinther 7 kann daher zur Frage, wie sich Christen im Fall von Unzucht des Partners zu verhalten haben, nicht herangezogen werden.

Aus 7,10.11 wird deutlich: Wenn sich ein Gläubiger von seiner gläubigen Frau trennt, so ist dieses zwar zu bedauern, aber noch nicht Ehebruch oder Auflösung der Ehe. Was eindeutig nicht erlaubt ist, ist die Wiederheirat, denn damit würde Ehebruch stattfinden, weil trotz Scheidung die Ehe noch besteht. „Trennung/Scheidung" von Christen ist nicht Auflösung des ehelichen Bandes. Ihre Ehe ist gar nicht wirklich geschieden. Sie können daher nicht so handeln, als ob sie frei wären. Würde einer der Partner eine neue eheliche Verbindung eingehen, würde er gegen Gottes Gebot verstoßen. Ein Christ ist jemand, der den Herrn liebt und sich ihm untergeordnet hat. Würde so jemand dieses tun wollen?

In der christlichen Gemeinde ist Versöhnung und Wiederherstellung die Norm. Wenn die christlichen Eheleute es nicht zustande bringen, sich zu versöhnen, wie wollen sie in einer gebrochenen und moralisch verderbten Welt die Botschaft von der Versöhnung verbreiten?

Nochmals: Es geht hier nicht um einen Fall, wo die Ehe durch Treuebruch (Unzucht) gebrochen wurde. Es geht um einen Fall, wo ein gläubiger Partner seinen ebenfalls gläubigen Partner *aus einem anderen Grund als Unzucht* verlassen hat.

Ist eine Scheidung (nicht aufgrund von Ehebruch) erfolgt, so bleibt auch nach der gesetzlichen Scheidung das Eheband vor Gott bestehen, es sei denn das Eheband wird durch einen Ehebruch eines Partners gebrochen. (Vgl. Lenski.[51])

Nach 1. Korinther 7,10.11 sollen geschiedene Christen unverheiratet bleiben. Wie lange? Und was, wenn der Getrennte durch Unzucht die Ehe bricht? Was, wenn er wieder heiratet? Gilt dann immer noch die Regel: unverheiratet bleiben oder sich versöhnen?

Sich ehelich zu „versöhnen", ist im Fall der Wiederheirat des Partners nicht mehr möglich. Der Fall, dass der geschiedene Ehepartner den Weg der Versöhnung durch eine Neuheirat unmöglich gemacht hat, wird in 1. Korinther 7 nicht erwähnt. Es ist nicht statthaft, eine Wiederheirat für den „Hinterbliebenen" dort zu verbieten, wo Paulus es nicht tut. Jedenfalls reicht 1. Korinther 7,10.11 nicht aus, um dieses zu tun. *Aufgrund von 1. Korinther 7 allein* können wir nicht eindeutige Verbote bzw. Erlaubnisse aufstellen bezüglich Wiederheirat im Fall einer Scheidung wegen Unzucht.

Den Fall, dass der geschiedene Ungläubige durch Unzucht die Ehe bricht, spricht Paulus nicht an. Und den Fall, dass der geschiedene Ungläubige eine neue Ehe schließt, spricht Paulus ebenfalls nicht an.

[51] R. C. H. Lenski, The Interpretation of I and II Corinthians, Minneapolis, 1963, S. 285ff.

7,12-16: Gemischte Ehen: Keine Scheidung!

„Aber den anderen sage i c h*, nicht der Herr: Wenn etwa ein Bruder eine ungläubige Frau hat und sie einverstanden ist, bei ihm zu wohnen, verlasse ‹oder verstoße› er sie nicht; 13 und eine Frau, die einen ungläubigen Mann hat, und er ist einverstanden, bei ihr zu wohnen, verlasse ‹oder verstoße› ihn nicht; 14 denn der ungläubige Mann ist geheiligt durch die Frau, und die ungläubige Frau ist geheiligt durch den Mann. Im anderen Fall wären eure Kinder unrein. Nun aber sind sie heilig. 15 Wenn sich der Ungläubige aber trennt ‹und sich getrennt hält›, trenne er sich ‹und halte sich getrennt›; der Bruder oder die Schwester ist in solchen [Fällen] nicht gebunden – in Frieden hat uns Gott gerufen –, 16 denn was weißt du, Frau, ob du den Mann retten wirst, oder was weißt du, Mann, ob du die Frau retten wirst?"*

Für gemischte Ehen gilt dieselbe Regel wie oben: Man hat zu bleiben, wie man ist. Die Ausnahme: Wenn der Ungläubige sich scheiden lassen will, ist der Gläubige nicht gebunden[52]. Für Christen in gemischten Ehen gilt: Den heidnischen Partner nicht verlassen! V. 12.13.

Warum ist es für einen gläubigen Partner ratsam, in dem Stand der gemischten Ehe zu bleiben? Warum sollte er nicht versuchen auszubrechen?

Paulus führt Gründe an, warum man den ungläubigen Partner nicht verlassen soll:

a) Der Ungläubige ist geheiligt durch den Christen (V. 14).

b) Gott hat den Christen zum Frieden berufen. (V. 15M; vgl. Römer 12,18.) Trotz der Ausnahmen, die grundsätzlich möglich sind, sollten

[52] Wörtlich.: versklavt, geknechtet.

christliche Ehepartner Gottes Ruf zu einem Leben im Frieden folgen. Daher: Wenn es zum Frieden dient, bleibe! Halte deine Ehe mit dem heidnischen Partner aufrecht!

c) Grundsätzlich besteht die Möglichkeit, dass man den Partner rettet (Vgl. V. 16). Daher: Betrachte deinen Stand als eine Chance für die Bekehrung des Partners. Paulus gibt kein Versprechen, dass sich der heidnische Partner bekehren wird. Aber hoffen darf man es.

Was bedeutet in 1. Korinther 7,15 „nicht geknechtet"?

Bedeutet es, der gläubige Partner ist in dem Fall nicht daran sklavisch gebunden, die Lebensgemeinschaft aufrecht zu erhalten und ihn zu zwingen zu bleiben? Oder bedeutet es, der Gläubige ist in dem Fall frei, jemand anderen zu heiraten?

Dazu einige Überlegungen:

a) Der Begriff „nicht knechtisch gebunden" (versklavt; geknechtet) ist ein sehr starkes Wort. Wenn ein Ehepartner nicht mehr an den anderen gebunden ist, bedeutet dies, dass er keine ehelichen Pflichten (also keine Pflichten dem ehelichen „Band" gegenüber) mehr hat. Er ist frei vom Ehepartner, so frei wie durch den Tod.[53]

b) Wenn es lediglich bedeuten würde, sie sei nicht berechtigt, den Partner zu zwingen, in der Ehe zu bleiben, erhebt sich die Frage, warum Paulus das nicht schrieb. Paulus beantwortete Fragen der Korinther. Als jene diesen Antwortbrief lasen, wussten sie, was zu tun war. Es blieben keine Unklarheiten zurück. Wie sollten die Leser die Verse 12-16 anders verstehen, als dass der verbliebene Gläubige nicht knechtisch an den ungläubigen Partner gebunden und daher frei war wie jemand, dessen

[53]Wie frei war im Altertum ein Sklave gegenüber seinem Herrn, der ihn freiließ? Hatte er noch irgendwelche Verpflichtungen ihm gegenüber? - Natürlich nicht.

Ehepartner verstorben war?

Die Ehe ist ein gemeinsames Joch. Sie bindet, knechtet. Die Scheidung des Ungläubigen vom Gläubigen befreit den Gläubigen aus diesem Joch. Er ist nicht mehr knechtisch gebunden an die Aufrechterhaltung dieses Eheverhältnisses.

Paulus kann nicht behaupten, die Scheidung sei zwar erlaubt, aber der Partner bleibe nach der Scheidung dennoch an den ersten Partner so gebunden, dass er nicht mehr wieder heiraten dürfe. Wenn Gott bei etwas, das an und für sich nicht wieder geschieden werden sollte, in gewissen Fällen dennoch eine Scheidung erlaubt, ist diese erlaubte Scheidung eine völlige Entbindung vom ehelichen Joch.

c) Außerdem müssen wir uns fragen: Wenn Paulus in den V. 10.11 eben gesagt hatte, dass der gläubige Partner in jenem Fall nicht heiraten dürfe, sondern sich versöhnen solle, warum sagt er dies in den V. 12-16 nicht? Hätte Paulus im Fall der gemischten Ehe gemeint, dass der Gläubige in keinem Fall mehr heiraten dürfe, so hätte er es in V. 16 dringend sagen müssen. Ansonsten hätte er für die Korinther eine große Unklarheit geschaffen. Meinte er aber, „nicht knechtisch gebunden" bedeute die völlige Entbindung von der Ehe, so war den Lesern alles klar und es musste nichts hinzugefügt werden.

Wir beachten: In den Versen 15 und 16 sagt Paulus nicht, dass der Gläubige unverheiratet bleiben solle, sondern er sagt, dass der Gläubige nicht knechtisch gebunden sei.

Paulus spricht in den Versen 12-16 von einem anderen Fall als in den Versen 10 und 11. *Dort* muss man unverheiratet bleiben, *hier* ist man nicht geknechtet – an den Ehepartner und an das lebenslange Ehegelöbnis in Bezug auf ihn.

Die Leser des 1. Korintherbriefes konnten den Ausdruck „nicht knechtisch gebunden" nicht anders verstehen als „frei". Wenn der gläubige

Partner vom Ungläubigen frei ist, darf er wieder heiraten. Keine weiteren Bedingungen! – abgesehen davon, dass alles, was wir tun, „im Herrn" geschehen soll. Und hätte Paulus gemeint, dass eine Wiederheirat nur dann erlaubt sei, wenn man sichere Beweise hätte, dass der geschiedene Partner inzwischen wieder verheiratet sei, so hätte er dies in irgendeiner Weise angedeutet.

Das Scheiden des Ungläubigen befreit den Gläubigen von seinem ehelichen Treuegelöbnis. Paulus kann dies nicht besser ausdrücken, als zu schreiben: „ist nicht geknechtet" („nicht knechtisch gebunden").

In 7,15 fügt Paulus hinzu: „in Frieden hat uns Gott gerufen". Um im Raum des Friedens zu leben, hat Gott uns in seine Gemeinschaft gerufen. Gott möchte nicht, dass der Gläubige in einem Bereich des Unfriedens lebt.

d) Würde man behaupten, Paulus meine mit „nicht geknechtet" lediglich, dass der Gläubige den Ungläubigen ziehen lassen dürfe, aber selber unverheiratet bleiben müsse, so muss man sich fragen, warum Paulus das dann überhaupt sagt? – denn es versteht sich von selbst, dass Christen den Partner nicht zwingen sollen, in der Ehe zu bleiben. Es sollte den Lesern klar sein, dass der gläubige Partner den ungläubigen nicht dazu zwingen kann, im Haus, im Bett oder am Tisch zu bleiben. Auch wird in vielen Fällen der sich trennende Ungläubige den Gläubigen nicht fragen, ob er ausziehen darf. Halten kann der Gläubige den Ungläubigen ohnehin nicht. Warum dann also diese „Erlaubnis"?

e) Es wäre auch schwierig, einen Sinn darin zu sehen, warum der hinterlassene Gläubige nicht mehr heiraten dürfe. Gesetzt den Fall, der ehemalige (ungläubige) Partner hätte neu geheiratet. Was sollte der Zweck sein, wenn er dem (inzwischen wiederverheirateten) Partner „die Treue hält", während jener längst die Treue gebrochen hat? – und zwar unwiderruflich, denn dessen zweite Ehe darf nicht aufgelöst werden!

Inwiefern ist der ungläubige Partner durch den gläubigen geheiligt?

Die Ehe ist eine auf gegenseitiger Treue beruhende Verbindung zweier Menschen, auch wenn der eine Teil ungläubig ist. Gemischte Ehen sind gültige Ehen. Der Nichtchrist ist geheiligt durch das eheliche Band mit dem Christen. Er ist Teil einer geheiligten Verbindung. Der Gläubige darf getrost sein. Er muss und soll sich nicht trennen. Diese Verbindung ist rein, der Beischlaf mit dem Ungläubigen verunreinigt nicht. Andernfalls wären die Frucht einer solchen Vereinigung, die Kinder, unrein, d. h., die Frucht einer unreinen Verbindung. Sie sind nicht „Bastarde“ (uneheliche Kinder), sondern sie sind rein. - Vielleicht will Paulus mit dem Wort „geheiligt“ auch noch andeuten, dass in einer solchen Ehe das Potential besteht, dass der Partner das Heil erfährt. Er steht unter einem besonders privilegierten Zeichen. Durch den gläubigen Partner ist er in einem gewissen Sinne für Gott abgesondert, was ihn hoffentlich zur Bekehrung führen wird (V. 16).[54] Dasselbe gilt für die Kinder.

Schlusswort zu 1. Korinther 7

In 1. Korinther 7 gibt der Apostel Paulus Antwort auf konkrete spezifische Fragen der Korinther. Die Frage nach der Wiederheirat von Christen im Falle der Unzucht des Partners wird nicht behandelt. Die Korinther wollten wissen, ob sie ihre Ehen auflösen dürften, evtl. müssten. *Wir* heute wollen wissen, ob geschiedene Christen wieder heiraten dürfen. Paulus spricht in 1. Korinther aber nicht zur Frage der Wiederheirat. Wer diese Frage hat, muss damit ringen in einem viel größeren Kontext der ganzen Heiligen Schrift.[55]

---

[54] Zum Begriff „heilig“ vgl. auch Römer 11,16: „Wenn der Erstling heilig ist, ist es auch die Teigmasse, und wenn die Wurzel ‹mit Stamm› heilig ist, sind es auch die Zweige.”

[55] Gordon D. Fee (The International Commentary on the New Testament, The First Epistle to the Corinthians, Michigan, 1991, S. 290ff.) schreibt: In vielen Fällen sind solche neuen Ehen Geschiedener tatsächlich zum Heil der Betroffenen. Auch wenn eine solche Ehe nicht die ideale Situation ist, so dürfen wir doch mit der erlösenden und vergebenden, wiederherstellenden Gnade Gottes rechnen. Gott ist ein Gott, der gefallene Menschen rettet und zerbrochene Situationen heilt. Er kann auch kaputte Eheverhältnisse heilen. Er kann auch Ehen von Geschiedenen und Wiederverheirateten zu vorbildhaften Ehen und die Beteiligten zu gesunden Menschen machen. Auf der anderen Seite kann Gott nicht seinen Segen zu Wiederverheiratungen geben, die lediglich ein Vorwand für legalisierte Lust sind.

F. Weitere Fragen

Römer 7,2 und 1. Korinther 7,39 zeigen doch, dass die Ehe in jedem Fall bis zum Tod andauert. Warum also sollte eine Scheidung das Eheband auflösen?

Antwort: Römer 7,2 und 1. Korinther 7,39 sprechen nicht vom Thema Scheidung und Wiederheirat, sondern von der göttlichen Ordnung in Bezug auf die Ehe. Und die göttliche Ordnung ist, dass die Ehe ein lebenslanges Treuebündnis ist. Die Stellen sprechen nicht davon, was geschieht, wenn dieses lebenslange Bündnis durch Untreue gebrochen wird.

Wenn Römer 7,2 und 1. Korinther 7,39 so gemeint wären, dass das Ehebündnis auch dann bestehen bleibt, wenn einer (oder beide) es brechen, so würde damit ausgesagt: Wer dennoch wieder geheiratet hat (und Kinder bekommen hat), ist nun doppelt verheiratet: mit dem ersten Ehepartner sowie mit dem zweiten. Das aber würde im Widerspruch zu Jesu Aussagen über die Ehe stehen; er möchte, dass man mit nur einem einzigen Ehepartner verheiratet ist.

Anmerkungen zu Römer 7,2.3: „*... denn die dem Manne unterstellte Frau ist mittels des Gesetzes an den lebenden Mann gebunden. Sollte der Mann aber sterben, ist sie dem Gesetz des Mannes enthoben. Dann wird sie also, während der Mann lebt, als Ehebrecherin bezeichnet werden, wenn sie einem anderen Manne zu Eigen wird. Sollte der Mann aber sterben, ist sie vom Gesetz frei, sodass sie nicht eine Ehebrecherin ist, wenn sie einem anderen Manne zu Eigen wird.*“

Sie ist gebunden, weil das Ehegelöbnis bis zum Ende des Lebens währt. Römer 7 sagt aber nicht alles, was zum Thema Ehe in der Heiligen Schrift gesagt wird. Die Ehe ist eigentlich nicht das Thema von Römer 7. Paulus zieht Parallelen zur Ehe, und zwar zur Ehe so, wie Gott sie sich vorgestellt hat und wie es auch in der Regel der Fall ist. Das Thema Scheidung ist nicht im Gespräch in Römer 7.

Es kann vom Apostel Paulus nicht abverlangt werden, jedes Mal wenn er von der Regel spricht, auch gleich alle Ausnahmen und Spezialfälle anzuführen. Dort aber, wo es um das Thema Scheidung und Wiederheirat geht (1. Korinther 7), sind solche am

Platz. Da wird die Frage gründlich behandelt.

Wenn Römer 7 als Regel ohne Ausnahme zu verstehen wäre, stünde 1. Korinther 7,10.11 im Widerspruch dazu, denn eine dem Manne unterstellte und an ihn gebundene Frau hat nicht die Erlaubnis, den Mann zu verlassen. In 1. Korinther 7,10.11 wird aber vorausgesetzt, dass eine Ehefrau ihren Mann verlassen hat. Was aber soll ein Gebundensein an den Mann bedeuten, wenn man den Ehemann verlassen kann, getrennt von ihm wohnen kann, ihm sogar die Erlaubnis verweigern kann, zu ihr zu kommen – mit der einzigen Einschränkung, dass man selber keine Wiederheirat begeht?

Ist mit „Unzucht“ in Matthäus 5,32 nicht eine unerlaubte Eheverbindung zwischen engen Blutsverwandten gemeint?

Der Herr hätte demnach gelehrt: Eine Ehe unter Blutsverwandten, die verbotenerweise geschlossen wurde, ist keine gesetzmäßige Ehe; daher kann man in diesem Fall mit gutem Gewissen auseinandergehen. Man kann dann nicht von Eheauflösung sprechen, wie in gesetzmäßigem Sinn niemals von einer Eheschließung die Rede war.[56]

Antwort: Dagegen spricht die allgemeine Bedeutung des Wortes „Unzucht“. „Unzucht“ wird in obigem Argument auf eine ganz spezielle Bedeutung beschränkt, ohne dass der Text zu einer solchen Einschränkung Anlass gibt. Es ist mehr als zweifelhaft, dass die Zuhörer Jesu an gesetzwidrige Ehen gedacht haben, als er von der Ausnahme wegen „Unzucht“ sprach.[57]

Der Herr spricht in Matthäus 5,32 nicht von einem Sonderfall von Unzucht. Hätte er an eine spezielle Art von Unzucht gedacht (nämlich die von 3. Mose 18,5), so wäre seine Aussage zu unklar. Spezielle Fälle müssen deutlich definiert werden. Nun spricht er aber ohne nähere Erläuterung ganz einfach von „Unzucht“: *„Wer immer sich von seiner*

---

[56] Ouweneel/Medema, Trennung, Scheidung, Wiederheirat, Dillenburg, 1993, S. 54

[57] Ouweneel/Medema selbst geben das zu, a.a.O., S. 55f

Frau scheidet, außer aufgrund von Unzucht, macht, dass sie Ehebruch begeht, ... " Wenn er allgemein spricht, dürfen wir nicht ausschließen, dass seine Aussage als eine allgemeine aufzufassen ist.

Will man „Unzucht" auf 3. Mose 18 beschränken, befindet man sich im Bereich der Spekulation, nicht in dem der eindeutigen Darlegung des Schriftzeugnisses. Bei einem für die Praxis dermaßen bedeutsamen Thema ist es höchst wichtig, ohne Vermutungen oder Spekulationen auszukommen.

Ist mit „Unzucht" in Matthäus 5,32 nicht einfach eine voreheliche Unkeuschheit gemeint, die der andere Ehepartner erst im Nachhinein entdeckt?

Das Argument lautet in etwa so: Der Mann hat nachträglich festgestellt, dass seine Frau in der Verlobungszeit vorehelichen geschlechtlichen Umgang mit einem anderen Mann gehabt hatte. Die Ehe wurde daher als nicht geschlossen betrachtet, und eine Auflösung derselben war erlaubt.[58]

Antwort: Auch hier trifft das oben Gesagte zu. Es ist mehr als zweifelhaft, dass die Zuhörer Jesu an voreheliche Unkeuschheit der Frau gedacht haben sollten, als er von der Ausnahme wegen „Unzucht" sprach. Die allgemeine Bedeutung des Wortes ist vielmehr jeglicher geschlechtlicher Umgang außerhalb der Ehe.

Meinte der Herr Jesus mit „Unzucht" vielleicht die (als gesetzwidrig geltende) Eheschließung zwischen Juden und Heiden? (Nehemia 13; Esra 9 und 10).

Das Argument ist: Ein Israelit darf solche gesetzwidrigen Ehen auflösen,

---

[58] Ouweneel/Medema, S. 54

wenn er nachträglich feststellt, dass sein Partner Nichtjude ist.[59] Antwort: Das oben Gesagte trifft auch hier zu. Ein solcher Fall wäre eine spezielle Art von Unzucht. Sie müsste von dem Herrn Jesus näher erläutert worden sein. Wie sonst hätten ihn seine Hörer verstehen können?

Zeigt der Satzbau von Matthäus 19,9 nicht, dass die Ausnahmeklausel lediglich für die Scheidung gilt, nicht für die Wiederheirat?

Antwort: Im Gegenteil, die Syntax von Matthäus 19,9 spricht dafür, dass die Ausnahmeklausel die Wiederheirat einschließt:

Matthäus 19,9: „*Ich sage euch aber: Wer immer seine Frau entlässt – nicht wegen Unzucht – und eine andere heiratet, begeht Ehebruch.*"

Das Hauptverb des Satzes ist „begeht Ehebruch". Das Subjekt dieses Verbs ist „Wer immer seine Frau entlässt". Derjenige, der seine Frau – „nicht wegen Unzucht" – entlässt, ist derselbe, der eine andere heiratet. Und er ist derselbe, der gegen das siebte Gebot verstößt. Es geht um ein und dieselbe Person. Er tut beides: Er entlässt seine Frau – nicht wegen Unzucht – und er heiratet eine andere.

Zu beachten ist, dass der Vers nicht über jemanden spricht, der lediglich seine Frau entlässt, aber keine andere heiratet. Der Fall, dass jemand seine Frau entlässt, ohne eine andere zu heiraten, wird nicht behandelt. Das Entlassen der ersten und das Heiraten einer anderen gehören untrennbar zusammen. Wir können daher nicht sagen, der Vers besage: Wer seine Frau entlässt, begeht Ehebruch (Ausnahme: bei Unzucht der Frau; dann ist es kein Ehebruch), wer aber nach der Entlassung eine andere heiratet (ohne Ausnahme; also auch dann, wenn er seine Frau wegen Unzucht ihrerseits entlassen musste), begeht ebenfalls Ehebruch.

---

[59] Ouweneel/Medema, S. 55

Jesus sagt, dass jeder, der seine Frau aus einem anderen Grund als dem der Unzucht entlässt und eine andere heiratet, Ehebruch begeht. Wer seine Frau *nicht* aus einem anderen Grund als dem der Unzucht entlässt und eine andere heiratet, begeht demzufolge bei seiner Wiederheirat *nicht* Ehebruch.

Das heißt, viele solcher Männer, die ihre Frauen entlassen haben und andere geheiratet haben, sind (durch ihre Wiederheirat) zu Ehebrechern geworden. Aber es gibt Männer, die ihre Frauen entlassen haben und andere geheiratet haben, bei denen das nicht zutrifft: nämlich jene, die ihre Frauen aufgrund von Unzucht entlassen haben und danach wieder geheiratet haben. Also nicht alle Geschiedenen, die wieder heiraten, begehen mit ihrer Wiederheirat Ehebruch. Wer sagt, alle Geschiedenen, die wieder heiraten, begehen mit ihrer Wiederheirat Ehebruch, geht über das hinaus, was der Vers sagt.

Der Vers hat nicht zwei verschiedene Subjekte. Der Vers sagt nicht aus: Einige Männer, die ihre Frauen entlassen haben, begehen Ehebruch (ausgenommen sind diejenigen Männer, die ihre Frauen *wegen Unzucht* entlassen haben), aber sämtliche geschiedenen Männer, die wieder heiraten (egal weswegen sie ihre Frauen entlassen haben), begehen Ehebruch (ohne Ausnahme). Nur alle diejenigen Männer, die ihre Frauen aus einem anderen Grund als den der Unzucht entlassen und dann wieder geheiratet haben, begehen Ehebruch, die anderen nicht. D. h., diejenigen Männer, die ihre Frauen wegen Unzucht entlassen und dann andere Frauen geheiratet haben, verstießen damit nicht gegen das siebente Gebot.[60]

[60] Vgl. Laney in: Divorce and Remarriage, a.a.O., S. 157ff

Macht es einen Unterschied, ob man zum Zeitpunkt der Scheidung bekehrt war oder noch nicht?

Die kurze Antwort: Nein, es macht keinen Unterschied.

Die lange Antwort: Es muss vorerst klar sein, dass durch eine vor Gott gültige Scheidung eine Ehe wirklich aufgelöst wird (siehe die Beweisführung oben). Im Alten Testament war es möglich, dass Ehen aufgelöst wurden. Gott hat seine Grundsätze über Ehe im Neuen Testament nicht geändert. Wenn es im AT die Möglichkeit gab, ein eheliches Bündnis durch Scheidung aufzulösen, kann es im NT nicht anders sein. Die Ehe ist eine heilige von Gott eingesetzte Institution. Das Wesen der Ehe bleibt gleich – von der Schöpfung bis zur Wiederkunft Christi. Was Gott zusammengefügt hat, kann der Mensch leider trennen, auch wenn er es nicht sollte.

Zurück zur Frage oben: Macht es einen Unterschied, ob man zum Zeitpunkt der Scheidung bekehrt war oder nicht?

Es ist nicht entscheidend, ob die Scheidung vor oder nach der Bekehrung geschah. Wenn der Gläubige wirklich vom ehemaligen Ehebund gelöst ist, können wir nicht verbieten, dass er wieder heiratet, da eine Wiederheirat in solchen Fällen kein Verstoß gegen das 7. Gebot ist.

Bevor man die Ehe*scheidung* versteht, muss man die Ehe*schließung* verstehen. Die neue Eheschließung ist für eine geschiedene Person nicht in sich selbst Ehebruch. Aber jemand, der eigentlich vor Gott nicht geschieden ist, bricht die Ehe, sobald er mit jemand anderem geschlechtlichen Umgang hat. Es ist der Beischlaf nach einer neuen Eheschließung, der die Ehe bricht, nicht die neue Eheschließung an sich.

Erst wenn Unzucht *und* Trennung geschehen sind, handelt es sich nicht um eine rechtmäßige Scheidung.

Es gibt auch den Fall, dass Unzucht vor der Eheschließung stattgefunden hatte und man dies erst nachträglich entdeckte (5. Mose 22,14.20.21). Auch diese Tat – nachträglich bewiesen – kann im AT eine gültige Scheidung zur Folge haben.

Sollte der Christ nicht vergeben?

Wenn ein Partner Unzucht begeht und Buße tut, besteht die Möglichkeit der Erneuerung des Ehegelöbnisses. Gott will in jedem Fall Wiederherstellung. Der Christ darf *und soll* vergeben, falls der Partner aufrichtig Buße getan hat. Ist der Partner unbußfertig und findet danach eine Trennung (Scheidung) statt, ist die Ehe aufgelöst.

Ist Wiederheirat nun für Christen erlaubt oder verboten?

Die Heilige Schrift verbietet nirgends eine neue Eheschließung, nachdem eine Ehe (vor Gott) rechtmäßig aufgelöst wurde. Die Wiederheirat hält Jesus für selbstverständlich. Jede jüdische Frau, die geschieden war, kehrte zu ihrem Elternhaus zurück und wurde von dort aus wieder verheiratet. Deswegen, sagt Jesus, wenn kein Ehebruch vorläge, wäre es Ehebruch wieder zu heiraten, denn beim ersten Beischlaf in der neuen Ehe würde die erste Ehe gebrochen werden. Daher darf eine Wiederheirat für einen Christen, dessen Ehepartner Unzucht begangen hat und danach nicht mehr zu seinem Ehepartner zurück will, nicht ausgeschlossen werden. Möglicherweise will der Christ dem untreuen Partner noch Zeit geben, Buße zu tun. Aber *spätestens* dann, wenn der ehemalige Partner wieder geheiratet hat, ist der Weg für eine Wiederheirat offen.

Darf ein geschiedener Ehebrecher, wenn er sich bekehrt, wieder heiraten?

Ein geschiedener Ehebrecher, der danach zum Glauben an Christus kommt, empfängt Vergebung seiner Sünden. An den Folgen seiner Sünden mag er zwar weiterhin zu leiden haben, aber sein Ehebruch ist ihm vergeben. Als erstes wird er wohl versuchen, seine erste Ehe wiederherzustellen, sofern dies irgend möglich ist. Er wird seinen Partner um Vergebung bitten und alles tun, um den ihm in der Vergangenheit beigefügten Schaden wiedergutzumachen bzw. soweit wie möglich zu lindern. Ist der ungläubige Partner nicht zur Versöhnung bereit, darf in Kraft treten, was Paulus in 1. Korinther 7,12-16 lehrt. (Siehe die Besprechung oben.)

Und wenn zwei Christen sich scheiden lassen, weil sie nicht mehr miteinander auskommen?

Dann sind sie unrechtmäßig geschieden. Paulus sagt, sie sollten sich versöhnen oder getrennt bleiben. Eine Wiederheirat ist nicht erlaubt. Würde allerdings einer der Partner die Ehe brechen und wieder heiraten oder eine feste Verbindung mit jemand anderem eingehen, steht man vor einer neuen Situation. Wenn der Ehebrecher eine neue Ehe oder eine feste geschlechtliche Verbindung eingegangen ist, scheint kein Grund vorzuliegen, eine Wiederheirat des verbliebenen „unschuldigen" Partners zu verbieten. Es muss aber alles „im Herrn" geschehen (siehe unten). Die erste Ehe kann in solch einem Fall ja nicht mehr wiederhergestellt werden.

Was soll eine gläubige Frau, die von ihrem ungläubigen Partner verlassen wurde, tun?

1. Korinther 7,12-16. (Siehe die Besprechung oben.)

Eine gläubige Frau, die von ihrem ungläubigen Partner verlassen wurde, wird wohl beten und hoffen, dass er sich bekehrt und zurückkommt. Sie wird eine gewisse Zeit warten, bis es wirklich klar ersichtlich wird, dass der Partner unbußfertig ist und die Wiederherstellung des Ehebandes aussichtslos ist. Wenn er nicht zurück will, ist – gemäß Paulus – eine Wiederheirat nicht ausgeschlossen.

Eine Wiederheirat hat „im Herrn" zu geschehen, d. h. in Abhängigkeit von ihm, unter seiner Führung und im Gehorsam ihm gegenüber. Zur Wiederheirat braucht es also eine spezielle Führung Gottes; denn die Ehe ist ein Gnadengeschenk (1. Korinther 7,7). Ohne besondere Begabung kann niemand heiraten, und ohne besondere Begabung kann niemand zur Ehre des Herrn ledig bleiben.

Gibt es bei Eheproblemen einen unschuldigen Teil?

Wie es dazu kommt, dass einer der beiden Partner die Scheidung einreicht, da gibt es die verschiedensten Konstellationen. Man wird aber die Möglichkeit einräumen müssen, dass es Situationen geben kann, in denen man tatsächlich von einem „unschuldigen Teil" sprechen muss. Ein Beispiel: Josef (Matthäus 1) war wohl „unschuldig" in Bezug auf die Schwangerschaft seiner Verlobten. Hätte Maria in der Tat Unzucht begangen, so wäre er der unschuldige Partner gewesen. (Verlobte galten in Israel als Ehemann und Ehefrau.)

Ein 2. Beispiel: Gott ließ sich scheiden (Jeremia 3,8). Schuldig war gänzlich die „Frau", das Volk Juda. Gott war „der unschuldige Teil".

G. Zusammenfassung

Zwei Dinge gehören zur Scheidung: a) Ehebruch (vor oder nach der Eheschließung) und b) Verlassen bzw. Verstoßenwerden. Wenn nicht beides geschah, handelt es sich nicht um eine rechtmäßige Scheidung.

Demnach scheint es drei Möglichkeiten der Auflösung einer Ehe zu geben. In allen drei Fällen ist eine Wiederheirat des „hinterbliebenen" Partners nicht eine Übertretung des 7. Gebots:

1. Tod

2. Scheidung aufgrund von Unzucht

3. Scheidung aufgrund von vorsätzlichem Verlassenwerden / Verstoßenwerden durch den ungläubigen Partner.

Wir halten fest:

- Die Ehe ist von Gott gestiftet und ein lebenslanges Bündnis. 1. Mose 2,23.24; Römer 7,1.2; 1. Korinther 7,39.
- Die Ehe wird durch den Tod eines der beiden Partner aufgelöst. In diesem Fall ist eine Wiederheirat ausdrücklich zugelassen. Römer 7,1.2; 1. Korinther 7,39; 1. Timotheus 5,14.
- Gott ist grundsätzlich gegen jede Scheidung. Was Gott zusammengefügt hat, soll der Mensch nicht scheiden. Scheidung ist also Sünde. Matthäus 19,6.
- Die Ehe an sich ist nicht unauflöslich. Sie kann durch Brechen des Bündnisses aufgelöst werden. Das Bündnis wird gebrochen, wenn einer der Partner durch Unzucht die Ehe bricht. In einem solchen Fall kann die Ehe durch eine Scheidung aufgelöst werden. Matthäus 5,31.32; 19,9.
- Eine Ehe von zwei Christen darf *nur* im Fall von (unbußfertiger) Unzucht des Partners geschieden werden. Matthäus 5,31.32; 19,9

– Ein Christ, der sich aus einem anderen Grund scheiden lässt oder seinen Partner verlässt, sündigt gegen das 7. Gebot. Matthäus 5,31.32; 19,9; Markus 10,11.12; Lukas 16,18.

– Wer unberechtigt (d.h. nicht aufgrund von Unzucht des Partners) geschieden ist, darf nicht wieder heiraten und darf nicht geheiratet werden, da er (trotz staatlicher Scheidung) ja noch mit seinem ersten Partner verheiratet ist. Markus 10,11.12; Lukas 16,18.

– Der Herr verbietet grundsätzlich die Scheidung eines gläubigen Ehepaares. Christen dürfen sich unter keinen Umständen scheiden lassen. Tun sie es, sündigen sie. Ist die Ehe eines gläubigen Ehepaares dennoch geschieden worden (oder haben sie sich getrennt), so sollen beide Partner „unverheiratet" bleiben oder sich wieder versöhnen. 1. Korinther 7,10.11.

– Grundsätzlich gilt das Gebot der Vergebung, Versöhnung und Wiederherstellung. Ein geschiedener Partner sollte alles versuchen, um seine Ehe wiederherzustellen. Ist der Ehebrecher zur Umkehr bereit, soll ihm vergeben werden.

– Für gemischte Ehen gilt: Der gläubige Partner darf nicht die Scheidung betreiben oder den Ungläubigen verlassen. 1. Korinther 7,12.13. Wenn sich der Ungläubige scheidet, ist der Gläubige frei. 1. Korinther 7,15.

– Weder die Erlaubnis zu heiraten, wenn man „brennt" (1. Korinther 7,9), noch die Erlaubnis, dass der gläubige Partner „frei" ist, nachdem er vom ungläubigen Partner verlassen wurde, ist als eine Konzession zu verstehen. Wer eine Wiederheirat aufgrund der Lehre der Heiligen Schrift erlaubt, ist nicht konzessionsbereit, noch gefährdet er die Institution der Ehe. Die Ehe bleibt ein heiliges Bündnis auf Lebenszeit. Die traurige aber leider tatsächlich bestehende Möglichkeit der Auflösung einer Ehe zerstört nicht die Institution der Ehe an sich und auch nicht ihre Heiligkeit.

Ehescheidung und Wiederheirat – Zusammenfassung und Ausblick

Von Dr. Lothar Gassmann, Pforzheim (Deutschland)

A. Die Regel lautet: grundsätzlich *keine* Scheidung und Wiederheirat

Mann und Frau werden bei der Eheschließung *ein* Fleisch. Sie schließen miteinander einen Bund vor Gott, in dem sie einander Liebe und Treue bis zum Tod geloben. Scheidung soll deshalb nach Gottes Willen grundsätzlich nicht sein. Gott hasst Scheidung. Scheidung ist Sünde oder Folge geschehener Sünde. Getrennt lebende oder voneinander geschiedene Gläubige, in denen beiden der Heilige Geist wohnt, sind aufgerufen, sich zu versöhnen.

Dies geht z.B. aus folgenden Bibelstellen eindeutig hervor:

Maleachi 2,16: *„Ich hasse die Ehescheidung, spricht der HERR, der Gott Israels, und dass man sein Kleid mit Frevel zudeckt, spricht der HERR der Heerscharen; darum hütet euch in eurem Geist und seid nicht treulos!"*

Matthäus 19,4-6: *„Der im Anfang den Menschen geschaffen hat, schuf sie als Mann und Frau und sprach (1. Mose 2,24): 'Darum wird ein Mann Vater und Mutter verlassen und an seiner Frau hängen, und die zwei werden ein Fleisch sein`. So sind sie nun nicht mehr zwei, sondern ein Fleisch. Was nun Gott zusammengefügt hat, das soll der Mensch nicht scheiden!"*

Markus 10,11-12: *„Wer sich scheidet von seiner Frau und heiratet eine andere, der bricht ihr gegenüber die Ehe; und wenn sich eine Frau scheidet von ihrem Mann und heiratet einen anderen, bricht sie ihre Ehe"* (siehe auch Verse 2-10).

Lukas 16,18: *„Wer sich scheidet von seiner Frau und heiratet eine andere, der bricht die Ehe; und wer die von ihrem Mann Geschiedene heiratet, der bricht auch die Ehe."*

Römer 7,2-3: *„Eine Frau ist an ihren Mann gebunden durch das Gesetz, solange der Mann lebt; wenn aber der Mann stirbt, so ist sie frei von dem Gesetz, das sie an den Mann bindet. Wenn sie nun bei einem anderen Mann ist, solange ihr Mann lebt, so wird sie eine Ehebrecherin genannt; wenn aber ihr Mann stirbt, ist sie frei vom Gesetz, so dass sie nicht eine Ehebrecherin ist, wenn sie einen anderen Mann nimmt."*

1. Korinther 7,39: *„Eine Frau ist gebunden, solange ihr Mann lebt; wenn aber der Mann entschläft, ist sie frei, zu heiraten, wen sie will; nur dass es in dem Herrn geschehe!"*

1. Korinther 7,10-11: *„Den Verheirateten aber gebiete nicht ich, sondern der Herr, dass die Frau sich nicht von ihrem Manne scheiden soll – hat sie sich aber geschieden, soll sie ohne Ehe bleiben oder sich mit ihrem Mann versöhnen – und dass der Mann seine Frau nicht verstoßen soll. Den übrigen sage ich ..."*

Anmerkung zu 1. Korinther 7,10-11: „Verheiratete" kann sich hier nur auf zwei *gläubige* Ehepartner beziehen, da ab V. 12 *„die anderen"* oder *„übrigen"* (nämlich Partner in Mischehen) angesprochen werden (siehe unter B.2. das zu 1. Korinther 7,12-16 Gesagte). Gläubige Ehepartner sollen sich grundsätzlich nicht voneinander scheiden lassen oder aber – bei bereits geschehener Trennung oder Scheidung – ohne Ehe bleiben oder auf Versöhnung hinarbeiten. Da in beiden Gläubigen (vorausgesetzt, dass sie *wirklich* gläubig sind!) der Heilige Geist Gottes wohnt, ist dies keine unerfüllbare Forderung. Liegt freilich Ehebruch oder Unzucht (griech. *porneia*) ohne Bereitschaft zur Umkehr und Versöhnung vor (was den „Glauben" des Schuldigen infrage stellt), dann kann es trotzdem zur Scheidung kommen. In diesem Fall gilt das unter B.1. zu Matthäus 5,32 und 19,9 („Ehebruch") Gesagte.

B. Die Ausnahmen: Scheidung und Wiederheirat bei Ehebruch, Mischehen und Herzenshärte

1. Ehebruch

Ehebruch, Treuebruch, Unzucht ohne Umkehr machen den Ehebund zunichte. In diesem Fall ist Scheidung nicht ausgeschlossen, sondern erlaubt. Die Ausstellung des Scheidebriefs schließt nach jüdisch-alttestamentlichem Verständnis, das auch in den Aussagen Jesu im Hintergrund steht, die Möglichkeit der Wiederheirat ein.

5. Mose 24,1-4: *„Wenn jemand eine Frau zur Ehe nimmt und sie nicht Gnade findet vor seinen Augen, weil er etwas Schändliches an ihr gefunden hat, und er einen Scheidebrief schreibt und ihr in die Hand gibt und sie aus seinem Haus entlässt – und wenn sie dann aus seinem Haus gegangen ist und hingeht und wird die Frau eines anderen – und wenn dieser andere Mann ihrer auch überdrüssig wird und einen Scheidebrief schreibt und ihr in die Hand gibt und sie aus seinem Haus entlässt oder wenn dieser andere Mann stirbt, der sie sich zur Frau genommen hatte – dann kann sie ihr erster Mann, der sie entließ, nicht wieder zur Frau nehmen, nachdem sie unrein geworden ist – denn solches ist ein Gräuel vor dem HERRN – , damit du nicht Sünde über das Land bringst, das dir der HERR, dein Gott, zum Erbe gegeben hat"* (5. Mose 24,1-4).

Diese Stelle hat von Anfang an bis heute zahlreiche unterschiedliche Interpretationen erfahren. Eindeutig ist Folgendes: Unter bestimmten

Umständen kann nach dem Gesetz des Mose ein Scheidebrief ausgestellt werden, der das Recht zur Wiederheirat einschließt. Umstritten ist vor allem, was das „Schändliche" ist, welches die Scheidung rechtfertigt: schwere sexuelle Sünden wie z.B. Unzucht, Ehebruch, Sodomie und Homosexualität (Rabbi Schammai) – oder aber bereits ein äußerer Mangel oder eine Ungeschicklichkeit der Frau, z.B. in Gestalt eines angebrannten Essens (Rabbi Hillel)? Jesus als der lebendige Sohn Gottes beschränkt die Scheidungsgründe auf *„porneia"* (sexuelle Sünden, Ehe- und Treuebruch) (siehe unten zu Matthäus 5,32 und 19,9; vgl. auch Jeremia 3,6-9!).

Jeremia 3,1.6-9: *„Und er sprach: Wenn sich ein Mann von seiner Frau scheidet und sie geht von ihm und gehört einem anderen, darf er sie auch wieder annehmen? Ist`s nicht so, dass das Land unrein würde? Du aber hast mit vielen gehurt und solltest wieder zu mir kommen?, spricht der HERR ... Israel, die Abtrünnige, ging hin auf alle hohen Berge und unter alle grünen Bäume und trieb dort Hurerei. Und ich dachte, nachdem sie das alles getan hat, würde sie zu mir zurückkehren. Aber sie kehrte nicht zurück. Und obwohl ihre Schwester Juda, die Treulose, gesehen hat, wie ich Israel, die Abtrünnige, wegen ihres Ehebruchs gestraft und ihr einen Scheidebrief gegeben habe, scheut sich dennoch ihre Schwester, das treulose Juda, nicht, sondern geht hin und treibt auch Hurerei. Und ihre leichtfertige Hurerei hat das Land unrein gemacht; denn sie treibt Ehebruch mit Stein und Holz."*

Jesaja 50,1: *„So spricht der HERR: Wo ist der Scheidebrief eurer Mutter, mit dem ich sie entlassen hätte? Oder wer ist mein Gläubiger, dem ich euch verkauft hätte? Siehe, ihr seid um eurer Sünden willen verkauft, und eure Mutter ist um eurer Abtrünnigkeit willen entlassen."*

Auch wenn hier bei Jeremia und Jesaja symbolisch geredet wird, so ist doch deutlich: Gott selbst gibt seinem Volk einen Scheidebrief! Scheidungsgründe sind Untreue, Ehebruch, Hurerei und Abtrünnigkeit, verbunden mit Unbußfertigkeit.

Matthäus 1,18-19: *„Die Geburt Jesu Christi aber geschah so: Als Maria, seine Mutter, dem Josef verlobt war, fand es sich, ehe er sie heimholte, dass sie schwanger war von dem heiligen Geist. Josef aber, ihr Mann, war gerecht und wollte sie nicht in Schande bringen, gedachte aber, sie heimlich zu verlassen."*

Eine Verlobung wurde im Judentum und in neutestamentlicher Zeit als Anfang der Eheschließung betrachtet und demgemäß rechtlich behandelt. So wird Josef als „Mann" der Maria bezeichnet. Bevor der Engel ihn über den wahren Sachverhalt aufklärte, musste Josef annehmen, dass Maria die Ehe gebrochen hatte. Um rechtliche Konsequenzen – bis hin zur Steinigung! (vgl. 3. Mose 20,10; Johannes 8,5) – zu vermeiden, wollte er sie „heimlich" verlassen, das heißt: ihr ohne öffentliches Strafverfahren den Scheidebrief geben und so den Bund mit Maria auflösen. Dabei fällt auf, dass Josef als „gerecht" beschrieben wird. Ehebruch war also als legitimer Scheidungsgrund selbstverständlich.

Matthäus 19,3: *„Da traten Pharisäer zu ihm und versuchten ihn und sprachen: Ist`s erlaubt, dass sich ein Mann aus irgend einem Grund von seiner Frau scheide?"*

Zur Zeit Jesu gab es unterschiedliche Lehrmeinungen, die 5. Mose 24,1-4 (siehe oben) zum Teil sehr frei interpretierten (z.B. Scheidung schon wegen eines angebrannten Essens). Die Pharisäer wollen wissen, ob Jesus auch Scheidung „aus irgend einem Grund" erlaubt. Als Antwort weist Jesus zunächst auf 1. Mose 2,24 (das „Ein-Fleisch-Sein" von Mann und Frau) hin und betont den grundsätzlichen Willen Gottes: „Was Gott zusammengefügt hat, das soll der Mensch nicht scheiden!" (Verse 4-6; siehe oben unter A.).

Matthäus 19,7-8: *„Da fragten sie: Warum hat dann Mose geboten, ihr einen Scheidebrief zu geben und sich von ihr zu scheiden? Er sprach zu ihnen: Mose hat euch erlaubt, euch zu scheiden von euren Frauen wegen euer Herzenshärte; von Anfang an aber ist`s nicht so gewesen."*

Durch den Sündenfall kam die Herzenshärte (Unversöhnlichkeit, Egoismus; siehe unten) in die Welt. Das veranlasste Mose, den Scheidebrief zu erlauben (nicht zu „gebieten", wie die Pharisäer suggerieren). Jesus nimmt die Erlaubnis des Moses *nicht* zurück, er konkretisiert sie lediglich und wehrt ihrem ausufernden Missbrauch (siehe die Erklärung zu Matthäus 5,32 und 19,9). Er weist allerdings darauf hin, dass Herzenshärte und die daraus sich ergebende Scheidung nicht der ursprüngliche Zustand und die Bestimmung des Menschen („von Anfang an": vor dem Sündenfall) waren (Schöpfungsordnung). Nun aber befinden sich Menschen leider in dieser Situation, und nun kann der Scheidebrief in menschlich ausweglosen Situationen eine letzte Möglichkeit sein (als „Notordnung").

Matthäus 19,9: *„Ich aber sage euch: Wer sich von seiner Frau scheidet – es sei denn wegen Ehebruchs – und eine andere heiratet, der bricht die Ehe."*

Nun antwortet Jesus auf die Ausgangsfrage der Pharisäer aus Vers 3 und sagt: Es ist nicht erlaubt, sich „aus irgend einem Grund" zu scheiden, sondern nur im Fall von *„porneia"* (Unzucht, Ehebruch). Ehebruch - verbunden mit Unbußfertigkeit auf Seiten des Ehebrechers und fehlender Vergebungsbereitschaft auf Seiten des betrogenen Ehepartners - löst die Ehe auf. Wer sich aus einem anderen Grund als dem Ehebruch des Partners scheidet und eine(n) andere(n) heiratet, der bricht die Ehe. Wird aber die Ehe aufgrund des Ehebruchs des Partners/der Partnerin geschieden, dann bedeutet eine Wiederheirat des unschuldig Geschiedenen (also desjenigen, der selber nicht die Ehe mit einem Dritten gebrochen hat) *keinen* Ehebruch, sondern ist legitim, da ja die erste Ehe nicht mehr besteht.

Matthäus 5,31-32: *„Es ist euch gesagt (5. Mose 24,1): 'Wer sich von seiner Frau scheidet, der soll ihr einen Scheidebrief geben.` Ich aber sage euch: Wer sich von seiner Frau scheidet – es sei denn wegen Ehebruchs –, der macht, dass sie die Ehe bricht; und wer eine Geschiedene heiratet, der* *bricht die Ehe."*

Auch in der Bergpredigt nennt Jesus Ehebruch als einzigen rechtmäßigen Scheidungsgrund.

2. Mischehen

Im Alten Testament wird von Gott die Auflösung von Mischehen geboten, in denen Angehörige seines Bundesvolkes Angehörige heidnischer Fremdvölker geheiratet hatten. Im Neuen Testament wird Scheidung erlaubt, wenn der ungläubige Teil sich trennen will. Der Gläubige ist in diesem Fall nicht an den Ungläubigen gebunden.

Esra 10,10-12: *„Und Esra, der Priester, stand auf und sprach zu ihnen: Ihr habt dem Herrn die Treue gebrochen, als ihr euch fremde Frauen genommen und so die Schuld Israels gemehrt habt. Bekennt sie nun dem HERRN, dem Gott eurer Väter, und tut seinen Willen und scheidet euch von den Völkern des Landes und von den fremden Frauen! Da antwortete die ganze Gemeinde und sprach mit lauter Stimme: Es geschehe, wie du uns gesagt hast!"* (siehe auch Nehemia 13,1-3.23 ff.).

Mischehen mit einem heidnischen Partner verunreinigten das Volk Gottes. In der alttestamentlichen Zeit des mosaischen Gesetzes konnte deshalb von Gott die Scheidung in solchen Fällen sogar *geboten* werden: Die Mischehen waren aufzulösen! Im Neuen Bund allerdings – in der Zeit der Gnade, in der wir leben – soll der Gläubige nicht von sich aus die Scheidung suchen, sondern ihr nur zustimmen, wenn der Ungläubige darauf besteht. Das wird in folgender Stelle deutlich:

1. Korinther 7,12-16: *„Den anderen aber sage ich, nicht der Herr: Wenn ein Bruder eine ungläubige Frau hat und es gefällt ihr, bei ihm zu wohnen, dann soll er sich nicht von ihr scheiden. Und wenn eine Frau einen ungläubigen Mann hat und es gefällt ihm, bei ihr zu wohnen, dann soll sie* *sich nicht von ihm scheiden. Denn der ungläubige Mann ist geheiligt durch die Frau, und die ungläubige Frau ist geheiligt durch den gläubigen Mann. Sonst wären eure Kinder unrein; nun aber sind sie heilig. Wenn aber der Ungläubige sich scheiden will, dann lass ihn sich scheiden. Der Bruder oder die Schwester ist nicht gebunden in solchen Fällen. Zum Frieden hat euch Gott berufen. Denn was weißt du, Frau, ob du den Mann retten wirst? Oder du, Mann, was weißt du, ob du die Frau retten wirst?"*

Gab es im Alten Bund bei Mischehen in bestimmten Fällen eine Scheidungs*pflicht* (siehe oben zu Esra 10,10-12), so ist diese im Neuen Bund insofern aufgehoben, als der ungläubige Ehepartner und die gemeinsamen Kinder durch den Gläubigen aufgrund des Sühneopfers Jesu Christi „geheiligt" sind. Gott anerkennt diese Ehe als vollwertige Ehe.

Geblieben ist allerdings das Frei-Sein (wörtlich: „das Nicht-Sklavisch-Gebundensein") des Gläubigen im Blick auf den Ungläubigen, falls der Ungläubige seinerseits sich scheiden lassen möchte. Im Unterschied zum Ehebruch gibt also der Unglaube des einen Ehepartners dem anderen nicht das Recht, selbst die Scheidung zu betreiben. Vielmehr soll er versuchen, den Ungläubigen durch sein Leben für Jesus zu gewinnen. Wenn sich aber der Ungläubige nicht retten lassen will, sondern die Scheidung begehrt oder betreibt, dann ist der Gläubige nicht sklavisch an die Ehe gebunden, sondern frei.

In diesem Fall ist die Ehe genauso aufgelöst wie bei Ehe- und Treuebruch: Der Gläubige ist mit dem Ungläubigen nicht mehr unter dasselbe Joch gebunden, er ist nicht wie ein Leibeigener an ihn „versklavt" (vgl. 1. Korinther 7,23; 2. Korinther 6,14-18). Das „Nichtgebundensein" schließt demzufolge genauso wie bei Ehebruch die Freiheit zur Wiederheirat ein (vgl. Matthäus 19,9). Im Blick auf „Mischehen" wird - im Gegensatz zur Ehe zwischen zwei gläubigen Christen (1. Korinther 7,10f.) - *nirgends* in der Bibel gesagt, dass der Gläubige nach der Entlassung durch den Ungläubigen unverheiratet bleiben müsse.

Der „Unglaube“ in 1. Korinther 7,12-16 kann sich auf drei Situationen beziehen:

– auf eine Ehe von ursprünglich zwei Nichtchristen, von denen einer später zum Glauben kommt und der andere nicht;

– auf eine Ehe eines Christen mit einem Nichtchristen;

– auf eine Ehe von ursprünglich zwei Christen (zumindest äußerlich schien es so), von denen einer später vom Glauben abfällt und sich durch sein Verhalten (z.B. Ehebruch, Betrug, Unversöhnlichkeit, Verachtung Gottes und seines Wortes) als Ungläubiger entpuppt.

1. Korinther 7,27-28: *„Bist du an eine Ehefrau gebunden, dann suche nicht, dich von ihr zu lösen. Bist du los (griech: lelysai; wörtlich: bist du gelöst) von einer Ehefrau, dann suche keine Frau. Wenn du aber doch heiratest, sündigst du nicht.”*

Diese Stelle hat unterschiedliche Deutungen erfahren. Eindeutig ist: Wer an eine Ehefrau gebunden (also verheiratet) ist, soll keine Trennung oder Scheidung suchen. Was aber bedeutet *„lelysai”*: „los” im Sinne von „ledig” – oder „gelöst” im Sinne einer wie auch immer aufgelösten Beziehung (z.B. durch Tod, Trennung, Scheidung)? Beide Erklärungen sind möglich. Im letzteren Fall würde die Stelle besagen: Bist du geschieden, dann suche keine Frau. Falls du aber doch als Geschiedener heiratest, sündigst du nicht. Voraussetzung ist freilich, dass ein rechtmäßiger Scheidungsgrund (Ehebruch oder Trennungswunsch des ungläubigen Partners) vorliegt, was sich vom gesamtbiblischen Zusammenhang her ergibt.

3. Herzenshärte

Matthäus 19,8: *„Mose hat euch erlaubt, euch zu scheiden von euren Frauen wegen euer Herzenshärte; von Anfang an aber ist`s nicht so* *gewesen."*

Die Herzenshärte (Verhärtung des Herzens mit völliger Unversöhnlichkeit und Grausamkeit gegenüber dem Ehepartner) – letztlich eine Folge von Unglaube und Sünde – ist der dritte Grund, dass eine Scheidung unter Umständen unvermeidbar sein kann.

Das Neue Testament ruft zwar gläubige Christen dazu auf, sich in der Ehe miteinander zu versöhnen (1. Korinther 7,11; siehe oben unter A) – was aber soll der versöhnungsbereite Teil tun, wenn der andere – und das auf Dauer – keinerlei Bereitschaft zur Versöhnung zeigt und sich damit durch sein Handeln als *Ungläubiger* offenbart? Ihm bleibt nur übrig, in den Trennungs- und Scheidungswunsch des Ehepartners einzuwilligen und diesen Gottes Barmherzigkeit anzubefehlen, denn es gilt: *„Zum Frieden hat euch Gott berufen. Denn was weißt du, Frau, ob du den Mann wirst retten können? Oder du, Mann, was weißt du, ob du die Frau wirst retten können?"* (1. Korinther 7,15-16).

Die Tür zurück in eine zerstörte Ehe ist spätestens dann geschlossen, wenn der scheidungswillige Teil jemand anderen geheiratet hat. Sie kann aber auch bereits dann geschlossen sein, wenn dieser das völlige Fehlen seiner Versöhnungsbereitschaft definitiv erklärt und bekundet hat und durch den Wunsch nach Scheidung besiegeln möchte. Wie für den Fall des Unglaubens gilt auch für die – aus dem Unglauben folgende – Unversöhnlichkeit: *„Es ist der Bruder oder die Schwester nicht gebunden in solchen Fällen"* (1. Korinther 7,15). Hier gilt also das gleiche wie im Fall einer Mischehe (s.o.)!

Neben diesen Scheidungsgründen führen immer wieder weitere schwerwiegende Umstände zum Scheitern einer Ehe. Solche sind z.B.:

- Gefahr für Leib und Leben durch fortgesetzte Brutalität und Aggressivität.

- Massive und andauernde seelische Grausamkeit, die den anderen gezielt zugrunde richtet.

- Sexueller Missbrauch und Vergewaltigung der Kinder.

- Massiver Missbrauch von Alkohol und anderen Drogen mit der Folge der Selbstzerstörung und der Zerstörung anderer.

Solche und ähnlich massive Gegebenheiten fallen ebenfalls in den Bereich der Herzenshärte und können – wie Ehebruch oder Unversöhnlichkeit – eine Ehe völlig zerstören, wenn keine Bereitschaft zur Veränderung und Umkehr vorhanden ist.

Viele Ehepartner – Männer wie Frauen – haben oft ein Leben lang unter solchen Umständen ausgeharrt und zum Teil Unbeschreibliches ertragen. Sie haben diese Last freiwillig auf sich genommen und nicht aufgehört, auf Veränderung zu hoffen.

Dennoch wage ich zu sagen: Wer wollte denjenigen Menschen verurteilen, der eine solche Last nicht mehr ertragen kann und sich nach langen innerem Ringen schweren Herzens zu einer Trennung oder notfalls auch Scheidung entschließt, bevor er an der Last zugrunde geht? Der sich also nicht wegen einer bloßen „Zerrüttung" trennt oder scheiden lässt, wie es heute weitverbreitet ist, sondern wegen einer wirklich menschlich ausweglosen Situation.

Auch hier gilt: Gott will, dass der Mensch nicht sterbe, sondern lebe.

C. Zusammenfassung der biblischen Sicht

Der ursprüngliche Wille Gottes ist die lebenslange Einehe zwischen Mann und Frau als *Schöpfungsordnung* und *Bund* (1. Mose 1,27 f.; 2,22-24; Matthäus 19,4-6; Römer 7,2.3).

Die ursprünglich gute Schöpfung Gottes wurde jedoch durch den Einbruch der Sünde bedroht: Es kam zum *Bundesbruch*, und zwar in der Ehe in der Gestalt von Treue- und Ehebruch sowie Herzenshärte (1. Mose 3,1 ff.; Römer 1-3 u.a.).

Gottes Antwort auf Sünde und Chaos ist die Regelung von Ehescheidung und Wiederheirat als *Notordnung* (5. Mose 24,1-4; Jeremia 3,1 ff.; Jesaja 50,1).

Im Gefolge kam es jedoch zum *Missbrauch* der Notordnung Gottes durch verschiedene menschliche Systeme (z.B. unterschiedliche Interpretationen der Thora durch Rabbiner und den Talmud).

Jesu Antwort auf den Missbrauch der Notordnung Gottes ist die Erinnerung an die *Schöpfungsordnung* sowie die eindeutige *Regulierung* der Notordnung: die Beschränkung der Scheidungsgründe auf *porneia* (Unzucht, Ehebruch) (Matthäus 5,31.32; 19,1-9).

Christen leben aufgrund des stellvertretenden Sühneopfers Jesu Christi in der *Erlösungsordnung* mit der Kraft zur Versöhnung. Sie sollen sich daher von sich aus nicht scheiden lassen, sondern dem Ehepartner treu bleiben und vergeben (1. Korinther 7,10.11).

Im Fall einer *Mischehe* ist der Ungläubige durch seinen gläubigen Ehepartner in die Sphäre der Erlösungsordnung mit hineingenommen *(„geheiligt"),* ohne dadurch automatisch auf ewig gerettet zu sein. Tritt jedoch der ungläubige Ehepartner bewusst und gezielt aus der Sphäre der Erlösungsordnung heraus, das heißt: sagt er sich willentlich von seinem gläubigen Ehepartner los und/oder verhärtet dauerhaft sein Herz gegen ihn und/oder bricht die Ehe und begehrt die Scheidung, dann ist der gläubige Ehepartner nicht wie ein Sklave an diesen gebunden, sondern - nach der Auflösung der Ehe - für einen anderen, gläubigen Ehepartner *frei* (1. Korinther 7,12-16.22.23.27.28).

D. Zitate evangelischer Glaubensväter

In der christlichen Welt gibt es heute unterschiedliche Ansichten über Scheidung und Wiederheirat. Sie reichen von der völligen Verdammung von Scheidung und Wiederheirat über die Erlaubnis in Ausnahmefällen bis hin zur völligen Freigabe. Welche Position ist richtig?

Ich selber vertrete die mittlere Sicht: *Scheidung und Wiederheirat in bestimmten, klar eingegrenzten Ausnahmefällen*, wie sie oben dargestellt wurden. Diese Position ergibt sich nicht nur aus der Bibel, sondern auch aus den Schriften der Väter des Protestantismus: der Reformatoren und auch verschiedener Begründer von Freikirchen (teilweise im Gegensatz zu heutigen Vertretern dieser Kirchen). Diese „Glaubensväter" und ihre Bekenntnisse bestätigen und erhärten den biblischen Befund. Ich nenne daher nachfolgend aus Schriften und Bekenntnissen der Reformation und verschiedener evangelischer Kirchen einige grundlegende Zitate.

Martin Luther schreibt in Bezug auf Matthäus 19,9: *„Hier siehst du, dass Christus um des Ehebruchs willen Mann und Weib scheidet, von welchen der, welcher unschuldig geschieden ist, sich verändern kann. Denn damit, dass er sagt, es sei ein Ehebruch, wer eine andere nimmt und die erste verlässt, es sei denn um Hurerei willen, gibt er genügend zu erkennen, dass der nicht Ehebruch tut, der eine andere nimmt und die erste um der Hurerei willen verlässt ... Denn wer seine Ehe bricht, der hat sich schon selbst geschieden und ist für einen toten Menschen zu achten. Darum kann sich das andere wieder verheiraten, gleich als wäre ihm sein Gemahl gestorben, wo er nach dem Recht verfahren und ihm nicht Gnade erzeigen will"* (M. Luther, Vom ehelichen Leben (1522), in: Luther Deutsch, hrsg. v. K. Aland, Band 7: Der Christ in der Welt, Göttingen 1983, S. 289 f.).

Philipp Melanchthon: *„So ist dies auch unrecht, dass, wo zwei geschieden werden, der unschuldige Teil nicht wiederum heiraten soll"* (Tractatus de potestate papae, in: Bekenntnisschriften der Evangelisch-Lutherischen Kirche, Göttingen, 8. Aufl. 1979, S. 495).

Johannes Calvin schreibt kritisch an die Adresse Roms in energischem Ton: *„Man möchte geradezu sagen, dass sie, indem sie aus dem Ehestand ein Sakrament machten, nichts anderes gesucht haben als einen Schlupfwinkel von Abscheulichkeiten. Sobald sie nämlich jene Lehre einmal durchgesetzt hatten, haben sie die richterliche Untersuchung der Ehesachen an sich gezogen – natürlich durfte doch die 'geistliche` Sache nicht von weltlichen Richtern angerührt werden! Alsdann haben sie Gesetze erlassen, mit denen sie ihre Tyrannei befestigten – aber die sind zum Teil offenkundig lästerlich gegen Gott, zum Teil von höchster Unbilligkeit gegen die Menschen."* Als ein solches „unbilliges" Gesetz nennt Calvin u.a. folgendes: *„Sie setzen fest, dass ein Mann, der seine ehebrecherische Frau verstoßen hat, keine andere heiraten darf"* (J. Calvin, Unterricht in der christlichen Religion IV,19,37, Neukirchen-Vluyn, 5. Aufl. 1988, S. 1032).

Im reformierten **Westminster-Bekenntnis** aus dem Jahre 1647 heißt es: *„Nach dem Verlöbnis begangener Ehebruch oder Hurerei, die vor der Heirat aufgedeckt werden, geben dem unschuldigen Teil rechtmäßigen Grund, das Verlöbnis zu lösen. Im Falle von Ehebruch nach der Heirat ist es dem unschuldigen Teil erlaubt, eine Scheidung zu erwirken und nach der Scheidung einen anderen zu heiraten, als ob der schuldige Teil tot wäre. Obwohl die Verderbnis der Menschen von solcher Geschicklichkeit ist, sich Gründe dafür auszudenken, unrechtmäßig die auseinanderzubringen, die Gott miteinander in der Ehe verbunden hat, so ist doch nichts als Ehebruch oder solch mutwilliges Verlassen, dem nicht einmal von der Kirche oder der bürgerlichen Obrigkeit abgeholfen* *werden kann, ausreichender Grund für die Auflösung des Ehebundes, wobei eine öffentliche und ordentliche Verfahrensweise beobachtet werden soll und die davon betroffenen Personen nicht ihrem eigenen Willen und der Entscheidung in ihrer eigenen Sache überlassen bleiben sollen"* (zitiert nach: Bekenntnisse der Kirche, Wuppertal, 2. Aufl. 1997, S. 230).

Ähnlich wird im **Glaubensbekenntnis der deutschen Baptisten** aus dem Jahr 1847 festgestellt: *„Wir halten die Ehescheidung, wenn sie aus Gründen, die mit dem Worte Gottes nicht übereinstimmen, geschieht, und die Wiederverheiratung solcher Geschiedener für unerlaubt. In Fällen des Ehebruchs aber und der böswilligen Verlassung glauben wir, dass eine Scheidung und die Wiederverheiratung des unschuldigen Teils, dem Worte Gottes gemäß, stattfinden könne. Bei der Ehescheidung müssen, wie bei der Verheiratung, die Bestimmungen des bürgerlichen Gesetzes aufrecht erhalten werden"* (zitiert nach: Bekenntnisse der Kirche, Wuppertal, 2. Aufl. 1997, S. 281; damals galt im bürgerlichen Gesetz noch das Schuldprinzip, nicht das Zerrüttungsprinzip!).

John Nelson Darby, der „Vater" der Brüdergemeinden („Darbysten") schreibt: *„Meine Absicht, wenn ich gesagt habe, dass das Band zerrissen war, war diese, dass Gott den Christen nicht erlaubte, das Band zu zerreißen; aber wenn Ehebruch getrieben worden war, hat derjenige, der das tat, das Band zerrissen, und der Herr gestand der anderen Partei zu, es als zerrissen zu betrachten und danach durch eine formelle Scheidung zu handeln. Er fordert das nicht, aber er gesteht das zu ... Auf der anderen Seite kann ich nach 1. Korinther 7 nicht daran zweifeln, dass Christen, die offensichtlich durch den ungläubigen Partner verlassen wurden, in jeder Hinsicht frei waren, das will sagen, frei zum Heiraten; aber das unterstellt ein absichtliches Imstichlassen durch den, der wegging. Der Christ durfte das nie tun ... Gibt es Beweise* *von Untreue? Wenn das der Fall ist, lasst sie sich um eine offizielle Scheidung bemühen. Danach sind sie frei, wieder zu heiraten"* (J. N. Darby, Briefe, Band 2, S. 130).

E. Seelsorgerliches Nachwort

Wenn es zur Ehescheidung kommt, liegt das in der Regel nicht nur an *einem* Partner, sondern an beiden. Beide sind aneinander schuldig geworden. Der eine vielleicht mehr, der andere weniger. Aber in der Regel doch beide.

Konkret stellen sich den einzelnen Betroffenen z.B. folgende Fragen:

Hat mein Partner die Ehe mit jemand anderem gebrochen, weil ich ihn abgelehnt und ihm zu wenig Liebe geschenkt habe?

Hat er zu trinken angefangen, weil er bei mir nicht die Geborgenheit gefunden hat, die er so sehnsüchtig suchte?

Hat er sich zu wenig um die Familie gekümmert, weil ich alles allein machen wollte und ihm gar nicht die Möglichkeit ließ, sich bei der Erziehung unserer Kinder einzubringen?

Jede Wirkung hat eine Ursache.

Auch das Ausbrechen eines Partners aus der Ehe.

Daher ist es wichtig, dass nach einer Ehescheidung beide an sich arbeiten.

Auch der „unschuldige" oder – realistischer gesagt – „unschuldig*ere*" Teil.

Insbesondere, wenn er die Möglichkeit einer Wiederheirat für sich in Erwägung zieht.

Denn sonst ist die Gefahr groß, dass die gleichen Fehler wieder passieren.

Und das soll nicht sein.

Deshalb ist es wichtig, seelsorgerliche Hilfe zu suchen, von Herzen zu

Jesus Christus umzukehren, Gott an sich arbeiten zu lassen und Veränderung zu erleben.

Das lege ich allen Betroffenen ans Herz.
Reden Sie mit einem Seelsorger bzw. einer Seelsorgerin.
Entdecken Sie, worin Sie versagt haben.
Sprechen Sie Ihre Schuld aus und bringen Sie sie vor Gott.
Lass Sie sich zeigen, wo Ihre Probleme liegen.
Arbeiten Sie daran, sie zu bewältigen.
Und dann fangen Sie mit Gottes Hilfe neu an!
Gott segne Sie!

Zum Nachdenken

Wenn es bei Gott
nicht die Möglichkeit der Umkehr,
der Vergebung und des Neuanfangs gäbe,
dann hätte Mose keines der fünf Bücher Mose,
der König David keinen Psalm
und der Apostel Paulus keinen seiner Briefe schreiben dürfen.

Denn Mose war ein Totschläger,
David ein Ehebrecher und Mörder
und Paulus - noch als Saulus -
ein blutiger Verfolger der jungen christlichen Gemeinde.

Aber nachdem sie ihre Schuld bereut hatten,
setzte Gott sie (wieder) ein
zu einem fruchtbaren und gesegneten Dienst.

Printed by Books on Demand GmbH, Norderstedt / Germany